外食逆襲論

株式会社トレタ 代表取締役

中村仁

幻冬舎

はじめに

いま、外食業界は歴史の転換点にいる

日本の外食業界では、50年に一度の「パラダイム・シフト」が起こっています。既存の飲食店のあり方を根本からくつがえすような、大激変です。

ところが、このチャンスに全く気づいていない人が、外食業界には大勢います。あるいは、チャンスではなく脅威ととらえ、見て見ぬふりをしているのかもしれません。

激変する時代には、もはや次のような常識は通用しません。

「より安く提供できるお店が勝つ」

「機械に頼るなんて邪道だ。手を動かすからこそ覚えるんだ」

「繁盛店を視察して、良いところはどんどん取り入れるべき」

これまで正解と信じられてきた常識を疑ってみること。古びた価値観をアップデートすること。それが、この変革期をサバイバルする条件になります。

本書を手にお取り頂き、ありがとうございます。

私は、株式会社トレタで代表取締役をつとめている中村仁と申します。

私は大学卒業後、大手電器メーカー、外資系の広告代理店を経て、2000年から12年間にわたって飲食店を経営していました。和風スタンディングバー「壌」、高級とんかつ店や豚しゃぶ専門店の「豚組」（いずれも東京・港区）など、とがった店づくりが評判を呼び、おかげさまでいずれもオープンから10年以上経ったいまでも、たくさんのお客様にご利用いただいています。

当時、みずから現場に立ち、経営をしていて痛感したことがあります。

それは、「飲食店がいかにIT化から取り残されているか」ということです。

外食業界を取り巻く環境は、人口減・高齢化による客数の減少、労働環境のブラック化、人手不足などで、ますます厳しくなってきています。実際、市場規模は1997年をピークに縮小傾向にあります。

にもかかわらず、何の手も打てていません。**テクノロジーを活用して現状を打破しようという意識が他業界よりも希薄で、いまだに紙ベースのアナログな経営を続**

けているお店が多いのです。

そこで私は、飲食店経営から退き、現在の会社を2013年に創業しました。

私たちの会社では「食の仕事を、おもしろく」をミッションに掲げ、IT化から取り残された飲食業界をアップデートすること、そして、そこで働く人たちが、イキイキとやりがいを持って働くことができる環境を取り戻すことを目指しています。

そのためには、**経営者の皆さんも、現場で働く皆さんも、飲食店に関わるすべての人たちの意識が変わらなくてはなりません。**私たちが最新のツールを用意したところで、それを使う人たちの意識が変わらなくては、何の意味もないからです。

そこで、私はこの本を、飲食店で働いている方、これから飲食店を始めようとしている方に届けたいと思いました。

1970年代、外食は「家業」から「産業」へと変化しました。当時、約7兆円だった外食産業の市場規模は、わずか15年で約21兆円にまで急拡大。すかいらーく、マクドナルド、ロイヤルホスト、ケンタッキーフライドチキン、吉野家、和民。いまや大企業となったお店が続々と誕生したのもこの頃です。

彼らに共通することは何でしょうか。それは、飲食店に革命的な変化を起こしたPOS（ポイント・オブ・セールス）システムの導入をはじめ、当時起きていたパラダイム・シフトにいち早く対応したことです。

古い価値観を捨て、変化の大波に飛び込んだ者が、50年経ったいまでも、勝者として君臨しているのです。

同じような革新の流れが、まさにいま起こっています。飲食店というものがこの世に生まれて以来、最大の変化が起きていると言っても大げさではないと思うのです。

いま外食産業で何が起こっているのか？
テクノロジーが飲食店のあり方をどう変えるのか？
私たちはその変化にどう対応すればよいのか？
それらを、この本で明らかにしていきたいと思います。

飲食店は、個人でも大企業と対等に戦える業種です。たとえば、個人が自動車をつくっても、トヨタには絶対に勝てません。しかし、ハンバーガーならマクドナルドに勝つことも夢ではありません。マクドナルドが低価格で集客するなら、こちらは素材を厳選して、品質にこだわった超高級ハンバーガーで戦えばいい。

外食はアイデアと知恵さえあれば、世の中を大きく転換させる可能性に満ちたビジネスなのです。

もちろん、この本を読んでくださっているあなたの目の前にも、チャンスは転がっています。その可能性を信じて、変化の波に飛び込めるかどうか。

すかいらーく、マクドナルド、ロイヤルホストのような、いまや大企業へと成長した飲食店は、50年前、リスクを承知で飛び込みました。

あなたはこの波に飛び込みますか？
それとも、それを傍で見物する人になりますか？
どちらを選びますか？

第1章

世界の最先端で起きている外食革命

第2章

なぜブラック産業に陥ってしまったのか

第3章

勝ち抜ける飲食店の思考

第4章

常連客を武器に繁盛店をつくる戦略

第5章 テクノロジーよりはるかに大切なこと

第1章

世界の最先端で起きている外食革命

店づくりの成功モデルが変わる

テクノロジーの進化によって、外食業界が変わろうとしています。ここで重要なのは、**テクノロジーがもたらすものは、単なる効率化や、合理化ではありません。**

たしかに、これまでアナログ（紙）で行なっていた作業をデジタル（ＩＴ）に置き換えることで、業務は効率的にはなるでしょう。結果的に、労働時間の短縮、人件費の削減にもつながるはずです。

しかしそれは、テクノロジーがもたらすものの一面にすぎません。「仕事が楽になってよかった、よかった」で終わる話ではないのです。

私がこの本でお伝えしたいのは、もっとスケールの大きなことです。飲食店がこの世に生まれて以来、最大の変化がこれから起きようとしています。歴史の転換点に、いま私たちは立っているのだと認識してください。

さて、まずはテクノロジーによって、飲食店の業務がどう変わるのかをお伝えしたいと思います。

従来の飲食店の業務は、集客し、予約を受け、お客様が来店したらメニューを渡して、商品を受注。料理を提供して、会計をし、売り上げを集計、分析する。この他にもたくさんの業務はありますが、顧客接点を整理すると、たいていの飲食店ではこのように分業化されています。

従来の飲食店では、集客から分析までの全工程を、すべて手作業で行なっていました。唯一、テクノロジー化できているとすれば、会計におけるPOSです。それ以外は、すべて紙の台帳などで管理していました。

ところが近年、急速なIT化によって、アナログからデジタルへの移行が進んでいます。従来の流れからどう変化しているのか、次のように整理してみました。

①集客　チラシ↓グルメサイト
②予約　電話↓オンライン
③来店　人が対応↓ロボット、顔認証システム、自動チェックイン
④注文　人が対応↓モバイルオーダー、セルフオーダー
⑤商品提供　人が提供↓ロボット、自動配膳
⑥会計　人が対応↓キャッシュレス、オンライン会計

ずいぶん便利になったな、と思われたかもしれません。実際、ＩＴを導入したお店の業務は、以前と比べてはるかに効率的になりました。

しかし、ひとつ大きな問題があります。左の図を見ると、おわかりでしょうか。集客用のツール、予約用のツール、注文用のツール……といった具合に、ツールが業務ごとに置き換わっているのです。

そのため、それぞれのツールが持っているデータがバラバラで、相互連携ができていません。**ツールの数ばかりが、どんどん増えているという状況です。**

そこで最近では、各サービスがＡＰＩ（アプリケーション・プログラミング・インタフェース：さまざまなクラウドサービスが他のサービスとつながるための接続方法）を公開して相互接続を進めようという動きがあります。とはいえ、この取り組みもまだまだ始まったばかりで完璧ではありません。

私自身、最近、こんな相談をよく受けるようになりました。

「中村さん、もう全然わからないよ。いろんなツールが増えているのはいいけど、

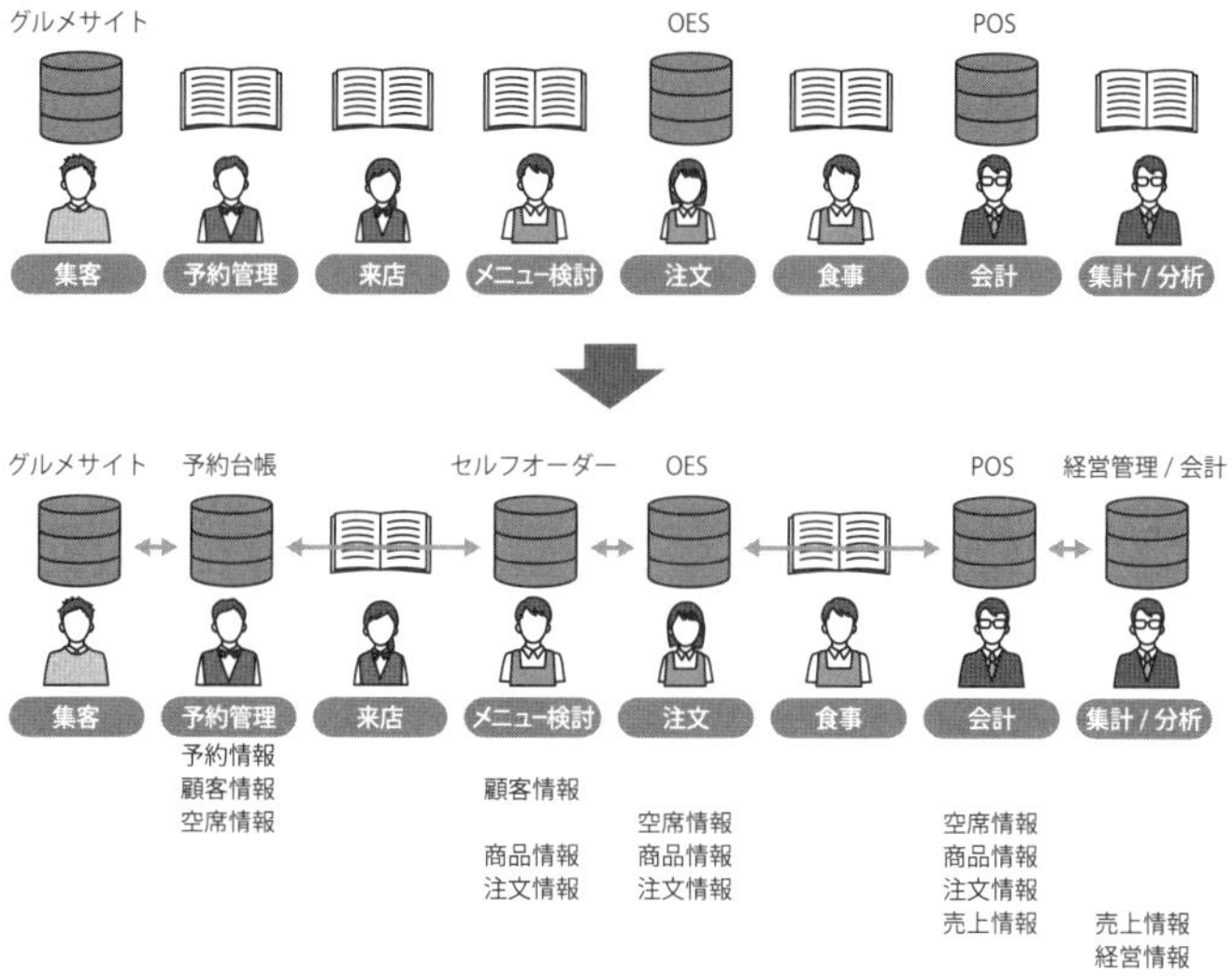

グルメサイト
OES
POS
集客
予約管理
来店
メニュー検討
注文
食事
会計
集計 / 分析
グルメサイト
予約台帳
セルフオーダー
OES
POS
経営管理 / 会計
集客
予約管理
来店
メニュー検討
注文
食事
会計
集計 / 分析
予約情報
顧客情報
空席情報
顧客情報
商品情報
注文情報
空席情報
商品情報
注文情報
空席情報
商品情報
注文情報
売上情報
売上情報
経営情報

どのサービスとどのツールをどう組み合わせて使えばいいのか、さっぱりわからない」

多くの飲食店経営者が、こうした悩みに直面しています。

このようにサービス間の接続はまだ完全な状態には程遠いものの、今後この動きが加速していけば、最終的にはさまざまなサービスが一体となって業務を支える、そんな世界が生まれてくることでしょう。

これから求められる店員の役割

これまではアナログ（紙）のオペレーションを前提にして、便宜的に業務が区分けされていました。しかし、テクノロジーが進化して、デジタル（ＩＴ）のオペレーションが前提となったとき、アナログ前提の業務オペレーションの設計は必ずしも効率的とは言えなくなってきます。

では、近い将来、アナログ時代のしくみが一掃されたらどうなるでしょうか。当然、お店の人の働き方も変わってきます。

たとえば近年、一部の居酒屋や回転寿司店を中心に、セルフオーダーが普及しています。セルフオーダーを導入すれば、当然、店員がオーダーをとる必要はなくなります。

すると、次のような核心的な問いが浮上してきます。

「じゃあ、お店の人って何をするんだっけ？」

ここで私が考えるのは、クラブＤＪの世界で起きたことです。

これまでのＤＪは、たくさんのレコードをクラブに持ち込んで、オーディエンスの反応を観察しながらどの曲をかけるかを即興で選び、熟練の技術をもって曲をつないでいました。

ところがデジタル化が進んだことで、いままでと全く違うＤＪスタイルが登場しました。レコードをクラブには持ち込まず、セットリストの内容をすべて事前に組み立て、それを入れたＵＳＢメモリをクラブに持ち込むのです。当日はそれを機材に挿してスタートボタンを押すだけ。ＤＪの仕事はクラブに入る前にほとんど終わってしまっていて、当日は何もやることはないのです。

では、そのDJは何をやっているのかと言えば、オーディエンスを煽ったり、パフォーマンスをしたり、さらに盛り上げるためにエフェクトを追加したりと、「盛り上げ役」に徹しているのです。

これまでDJに求められていたのは、レコードを上手につなぐ、職人的なスキルでした。ところが、**デジタル時代に登場した新しいクラブDJにおいては、エンターテイナー的な「オーディエンスを盛り上げるスキル」がより重要になったのです。**テクノロジーによって、DJの仕事のあり方が根本から変わってしまったと言えるでしょう。


それと同じことが、飲食店で働く人にも起きようとしています。セルフオーダーの例で言うと、お客様の注文を正確に受けて、素早くキッチンへ伝えるという、これまでもっとも重視されてきたスキルは不要になります。

「メニューを暗記する」というスキルも無意味になります。「おすすめの料理を紹介する」というスキルさえ、セルフオーダー端末に「これが今日のおすすめ料理です」とトップ画面に表示させることで、不要になってしまいます。
では、これからの時代は、無人のお店ばかりになるのでしょうか。私はそうはならない、むしろそうなってはいけないと思っています。機械が注文をとり、機械が調理したものを、機械が運んでくる。皆さんは、そんな自動販売機のようなお店に行きたいと思いますか？

そこで求められるのは、人間にしか出せない「ぬくもり」や「気遣い」です。それは、ロボットにはできないことです。
先ほどのＤＪの例と同じです。はたして、ロボットがお客様を盛り上げることができるでしょうか。できたとしても、それは物珍しさゆえであって、一過性のものにすぎないと思います。

最後に残るのは、人間による血の通ったパフォーマンスです。たとえば、目の前のお客様のちょっとした仕草や表情から、いまお客様が求めているのは何かを察して、当意即妙に対応する。不安そうなお客様がいたら、ほっとできるような言葉をかける。そんなスキルが、これからの飲食店で働く人たちには、求められるようになるかもしれません。

そしてそのスキルは、お客様の注文を正確に処理することや、メニューを暗記するスキルよりも、高度なものだと思うのです。

ＩＴ化で起こる接客ルネッサンス

そもそも飲食店で働く人たちには、人を喜ばせたい、人を楽しませたいという、「おもてなし」の心があふれているはずです。それがこの業界に入った動機であり、働くモチベーションであり、誇りなのだと思います。

ところがいざ飲食店で働いてみると、あまりにもやることが煩雑すぎて、目先の業務をこなすことでいっぱいになってしまう。だんだん自分がやりたかったことを見失って、義務感だけで仕事をこなすようになってしまう。

こうした失望を生み出しているのが、いまの外食業界の構造的な問題です。

その意味では、**テクノロジーが起こす外食の変化というのは、本来の「おもてな**

し」という原点に立ち戻るチャンスなのかもしれません。つまり、テクノロジーがもたらすものは、「接客ルネッサンス」（復興・再生）とも言えるのです。

違う言い方をすれば、これまで人間の能力だけでは実現できなかった「高度なおもてなし」ができるようになるということです。

飲食店で働く人たちは、お客様を究極まで喜ばせたいという思いを、誰しも持っています。少なくとも心の奥底では、そう思っているはずです。

ところが、お客様を記憶する暗記力にも、お客様に1人当たりにかけることのできる物理的な時間にも限界があります。これまでの飲食店には、「アナログの壁」「人力の限界」が立ちふさがっていたわけです。

本当は100％、お客様を喜ばせたいのに、やりたいことの40％くらいしか実現できない……。その壁を、人海戦術や精神論で突破しようとし、失敗してきたのが現状です。

それが、テクノロジーの活用が進めば進むほど、40％の壁を突破し、60％、80％と、いままでアナログでは実現しなかった領域にまで顧客満足度を高めることができる。

より理想の「顧客体験」を実現できる世界が訪れるのです。

先ほどのアナログ時代の業務の流れを思い出してください。

お客様の視点で言えば、お店を探し、予約し、お店に行き、メニューを選び、注文し、食事を楽しみ、お金を払い、評価やクチコミを共有する。この流れがお店の業務の都合で、すべて分断されていたわけです。

本来なら、すべてがひとつながりになって、ぐるぐると循環していなくてはいけない。しかし、データが蓄積されていないので、一方通行に流れて終わりという、**お店とお客様との刹那的な関係を数限りなく使い捨てしている状況**になっているのです。

たとえば、お客様が3回目の来店だったとします。もしこのときデータが蓄積されていれば、スタッフの持つOES（オーダー端末）に、「このお客様におすすめすべき料理」を上位に表示させることができます。過去2回の来店でお客様が注文した料理から好みを予測して、「今回はこういう料理はどうですか？」とレコメンドできるわけです。

いままでのアナログ時代には実現できなかった、よりきめ細かく、レベルの高い顧客体験を提供することができる。これは飲食店の「再発明」に近いと思います。

お店のつくり方が全く変わってくるのです。

次世代を先取りする飲食店改革

タイプ1　働き方改革を実現するキャッシュレス

このような未来を見据えている人たちは、すでに動き始めています。誰もが使うようになってから導入したのでは先行者利益はありません。**まだ誰もやっていないことにいち早く投資していかないと、もはや勝負にならないとわかっているからです。**

先進的な取り組みの事例をひとつご紹介しましょう。

ファミリーレストランのロイヤルホストなど外食事業の親会社であるロイヤルホ

ールディングス株式会社は、2017年、東京・馬喰町に「ギャザリング・テーブル・パントリー」という飲食店をつくりました。

オープンの背景には、「生産性向上と働き方改革の両立を目指した実験店を、イノベーションのプラットフォームとしてつくろう」という未来志向にもとづいた意図があります。


このお店では、飲食店の課題を解決するさまざまな試みが行なわれています。

まず、店先の看板に「CASHLESS」(キャッシュレス)と大きく書かれており、支払いは現金お断りで、クレジットカード、電子マネー、交通系ICカード、QRコード決済に限られます。

すべての決済をキャッシュレスにすることで、会計の手間が省けるだけでなく、つり銭の準備や、閉店後の「レジ締め」の作業も不要になります。

入店すると、お客様はiPadを渡され、注文はすべて、このiPadで行ないます。メニューを選び注文すると、それが即座にキッチンへと伝わります。

すべての調理は、大手電器メーカーと共同で研究した専用のマイクロウェーブコンベクションオーブンで行なわれます。セントラルキッチンでつくられ、冷凍されて運ばれてきた料理を、ボタンひとつで完成させられるのです。

マニュアルにしたがえば、新しく入ったばかりのアルバイトでも美味しい料理をつくることができます。味つけ、温度、見た目などでのムラも発生しません。熟練した料理人の技術は、ここでは一切不要です。しかも、清掃やゴミ出しの手間も軽減されます。

支払いはキャッシュレスのため一瞬で完了しますから、混雑時に長くお客様をお待たせすることもありません。

閉店後の作業も、飛躍的に楽になりました。釣り銭の準備や翌日の仕込みはほとんどありません。清掃は「掃除ロボット」が行ないます。

その結果、どんなことが起きたでしょうか。

店長業務において、開閉店や清掃は7・5%から2・5%に減少し、接客や調理は55・9%から67・4%へと変わりました。まさに「生産性向上と働き方改革の両立」を実現したのです。

他にもロイヤルホールディングス株式会社は、食器洗浄のロボット化、自動配膳ロボットの導入などテクノロジーを積極的に活用しています。

こうして、旧態依然とした飲食店との差は、どんどん開いていくのです。

私自身、飲食店を経営していたので理解できるのですが、飲食店で働く人はどうしても目の前のことに忙殺されがちです。今日の売り上げ、今月の売り上げがすべてになってしまいます。だからこそ、こうした「未来の風景」を意識的にイメージすることで、いま自分に見えている目の前の現実がすべてではないと知る必要があります。

私はこれまで講演などで、皆さんに「ＩＴ化をして業務を効率化しましょう」というメッセージをお伝えしてきました。しかし最近、そのメッセージが少しずつ変わってきました。

つまり、もはや「IT化をする・しない」の議論ではない、ということです。それは単なる通過点であって、**これからは「IT化を前提にどんなお店づくりをするか」を考えるべき段階に来ているのです。**働く人の役割や、求めるスキルは何なのか。お客様にどんな体験を提供したいのか。そういったことを考えなければならないフェーズに突入しているのです。

タイプ2　発想を転換させた無人店舗

2019年春、米国に出張した際に、アマゾン・ドット・コムが運営する「Amazon Go」に立ち寄りました。2018年、米国ワシントン州・シアトルにオープンした、「無人」のコンビニです。

報道では「無人店舗」と騒がれていたので、てっきり店員はほとんどいないものと思っていましたが、行ってみると全く違いました。アマゾンの制服を着た店員がぞろぞろ店内にいるのです。

たしかに世間で伝えられているように、「Amazon Go」にはレジがなく、お客様は商品を勝手に選んで店内から持ち出すだけです。どの商品を持っていったかはすべて自動的に把握されていて、会計は退店後にオンラインで自動的に完了します。機能面から考えたら、店員は必要ありません。

では、「Amazon Go」の店員は何をしているのでしょうか。

観察していると、たまに商品の補充をする以外は、店内をうろうろしています。そして、お客様に「こんにちは！」「何か困っていることはない？」「欲しいものは見つかった？」などと話しかけたり、店員同士で雑談をしたりしているのです。

複雑な業務ではなくても、彼らが店内にいるおかげで、「無人店舗」の無味乾燥さが一切ありません。たしかに、店内が完全な無人だったら、不安感を覚えたり、どうやって利用したらいいのか途方に暮れたり、あるいは夜間であれば、恐怖すら感じる人もいるかもしれません。

そう考えると、店員の存在は「Amazon Go」において、きわめて重要な役割を果たしていると言えます。

先ほど例示したＤＪと同じです。スタッフはお客様を盛り上げたり安心してもらうためには欠かせない存在で、ロボットには決してできない仕事です。

これはアマゾンだからこそ生まれた発想だと思います。日本の企業の場合だと、おそらく「無人の店をつくろう」という発想から入るので、店員を置こうという判断には至らないと思います。

しかしアマゾンは「顧客満足をどう高めるか」という問いから入ります。買い物という体験価値をより高めるためには、どうしたらいいいんだろう。そういえば会計って面倒だよね、レジの行列に並ぶ時間ってムダだしストレスだよね、だったらそもそも会計が必要ない店をつくったらいいいんじゃない？　このように、問いのつくり方から思考回路まで異なります。

結果として一見、似たようなものができるかもしれません。しかし、「無人の店をつくろう」と考えてできたお店と、「お客様の体験価値を高めよう」と考えてできたお店では、似て非なるものになるでしょう。このちょっとした違いが、重要なのです。

先ほど紹介したロイヤルホールディングス株式会社の実験店舗は、おそらくアマゾンと同じ発想だと思います。**「いかに従業員を減らすか」ではなく、「顧客満足をどう高めるか」「働く人にとっての理想の職場とは」という発想でお店を設計している。**だからこそ、成功しているのだと言えます。

タイプ3　常識破りのワンオペ店

シカゴのTapsterというお店はご存じでしょうか。

普通のパブのように見えるこのお店は、店員が1人しかいませんでした。いわゆるワンオペ（ワンマン・オペレーション）です。いったい1人でどのようにお店を回しているのでしょうか。

お客様は店に入ると、まず店員に自分のクレジットカードを渡します。そして、それと引き換えに、自分の名前が入力された専用のICカードを受け取ります。

店内には、30種類以上のセルフ型ビールサーバーが設置されており、お客様は自分の好きなクラフトビールを選ぶことができます。飲みたいものが決まったら、先ほどのＩＣカードをビールサーバーの端末に差し込みます。すると、自分でビールを注ぐことができるようになります。

このとき、どれだけ注いだかがＩＣカードに記録されます。１ミリリットル当たりいくらの、量り売りのシステムです。会計の際は、このＩＣカードを、先ほどの店員に返却するだけ。預けているクレジットカードから決済してもらうことで、会計はあっという間に完了します。

料理はというと、あえて店では提供していません。外で買ってきたおつまみを、自由に持ち込んでよいというスタイルです。

人を置かない。料理も出さない。だからこそ、ワンオペが成立するのです。

しかし、それで味気ないということはありません。店内のインテリアにも手を抜いていませんから貧乏くさい雰囲気は全くありませんし、何より自分でビールを注ぐという体験そのものが楽しい。グラスも大きいものから小さいものまで何種類もあって、小さいグラスを使えば飲み比べも可能です。

おかわりが欲しくなったら、すぐに自分で取りに行けるのもいいところです。通常のパブでは、店員を呼んで、注文して、商品が到着するのを待つ。あるいはカウンターに並んで、注文して、お金を払って、商品を受け取るという手間がつきまといました。このようなお客様の待ち時間がこのお店にはありません。

一方でカウンターには、グラスやTシャツといった、このお店のオリジナルグッズが並んでいて、店のブランディングにも力を入れていることがわかります。

これまでも業態開発の要は「店の特徴のどこをとがらせて、どこを削るか」という割り切り方にありましたが、テクノロジーが進化すると、これまで以上に多種多様なお店のあり方が可能になります。**ロボット導入やキャッシュレスなど、さまざまなツールを組み合わせることで、ゼロベースでお店を「発明」することができる。**このクラフトビール店は、飲食店の未来の可能性を示唆しているように思えます。

見たことのない景色が、そこには広がっていて、もしかしたらこの中から、マクドナルドや、スターバックスに匹敵するような、世界的な大企業が生まれてくるかもしれないのです。

外食×テクノロジーの最先端

海外の動きを見ていると、ＩＴ化はファストフードなどのカジュアル店から始まっています。

そもそもカジュアル店の競争優位は「効率化」によってもたらされる高コストパフォーマンスにあります。ＩＴ化は、カジュアル店にとって「より安く、よりスピーディー」という価値を強化しやすいのです。

たとえば米国のファストフード店では、液晶端末を使ったセルフオーダー、セルフ決済が広く普及しています。米国の都市を歩いていると、店頭で注文を受けるスタッフがどんどんいなくなっていることが肌でわかります。

注文を受け付ける端末（キオスク端末）も進化していて、お客様は店に入ると大きな液晶画面をタッチして、商品を選びます。選んだら、注文内容を確認してセルフ会計。決済は現金でも可能ですが、あくまで主流はクレジットカードなどのキャッシュレスです。

会計が完了すると、ＩＣチップが埋め込まれたカードが出てきます。それを持って、好きな席に座って待っていると、ＩＣチップの位置情報を手がかりに店員が料理を運んできてくれるのです。いずれは料理を運んでくるのも、ロボットの仕事になることが容易に想像できます。

また、キオスク端末にはカメラも装備されています。そのカメラでお客様の顔認識をして、その人が何回目の来店か、前回は何を頼んだのかといったデータを補足することもできます。

顔認識システムの精度が向上すれば、顔認証で会計をすることもできるようになるでしょう。実際、中国ではそういうお店も珍しくありません。そうなれば、**現金はおろか、クレジットカードやスマートフォンを持ち歩くことも必要なくなります。**

今後はより高価格帯の業態にも、このセルフオーダー、セルフ決済のシステムは導入されていくと思います。ただし、これらのツールを安易に店舗に導入してしまうと、失敗に終わる可能性が高くなってしまいます。

実際、**セルフオーダーシステムを導入した結果、客単価が下がってしまった飲食**

店が、あちこちで見受けられるからです。セルフオーダー、セルフ決済を、どうオペレーションまでふくめてデザインし、取り入れていくのかが、これからの課題とも言えます。

さらにまだ実用化されていませんが、アマゾンが開発したＡＩアシスタント「アレクサ」と、スマートグラス（メガネ型のウェアラブル端末）を連動させるというアイデアも登場しています。

たとえば接客スタッフが、「2番テーブルのお客様について教えて」と尋ねたとします。するとアレクサが、そのお客様の情報をスマートグラスに表示してくれるのです。

来店回数はもちろん、好きなもの、嫌いなもの、アレルギーの有無、会話の中で出たちょっとしたプライベート情報まで、顧客データをきちんと蓄積していれば、即座に情報を表示することができます。

もしこのツールが実用化されたら、まさに**「人力の限界を超えた」、より当意即**

妙で高度な接客が可能になるでしょう。空きそうなグラスを見つけたら、働き始めたばかりの新人スタッフでも「お酒のおかわりはいかがですか？　お客様は白ワインがお好きでしたね。本日、お客様の好みに合いそうなものが入っていますよ」といった具合に、おすすめすることができるのです。

テクノロジー化が進んでいるのは、接客だけではありません。ロイヤルホールディングス株式会社の実験店舗の例でも紹介したように、キッチンのテクノロジー化もまた進んでいます。

米国のミソ・ロボティクス社が開発した「フリッピー」というハンバーガー製造ロボットには、ＡＩやカメラ、センサーなど、最先端のテクノロジーが搭載されています。

旧来の調理ロボットは、人間の作業を補助するものでしかありませんでした。ところが「フリッピー」は、たとえば「チーズバーガーとフライドポテト二つずつ」と端末に入力すると、あとはすべて自分で判断しながら、完成形までつくってくれます。

油を引いて、肉とバンズを鉄板に載せ、適切なタイミングで引っくり返し、焼けたらハンバーガーの形にして、最後に手作業のトッピングをするよう人間に指示まですする。こうなると、人間がロボットの補助をしているようです。

さらに発注やPOSと連動させることで、調理だけでなく周辺業務も自動化させることが可能になります。

たとえば、チーズバーガーが二つ売れたとします。すると、チーズの在庫が2枚減った、残り枚数が100を切ったので、追加で300枚……といった具合に、自動的に契約している仕入先へ発注をかけるのです。

もし仕入先が電子データを受け付けない場合は、ファックスで送信してくれます。こうなると、いちいち在庫を確認し発注する必要がなくなります。わずらわしい在庫管理と発注業務から、解放されるのです。

こうしたテクノロジーは現在、米国はもちろん中国でも急速に普及しています。

外食産業の歴史が浅いため、**経営者も、そしてお客様も「飲食店はこうあるべき」という固定観念に縛られていないからです。**

他方、日本は遅れていると言わざるをえません。米国や中国から5年遅れて入ってくるというイメージでしょうか。原因はもうおわかりでしょう。中国とは逆に、「飲食店はこうあるべき」という常識にみんなが縛られているからです。

また、米国や中国と日本では、そもそも社会的な「大前提」が違うことにも注意が必要です。私自身も、中国で15年以上にわたって飲食店向けのサービスに取り組み続けているある方から指摘され気づいたのですが、「人」に対する期待感や評価が、日本と中国ではまるで違うのです。彼が言うには、中国では、サービスにおいて人が関わることがマイナス要素になることが多い。

たとえば乱暴で不親切な接客をする飲食店はまだまだ多いし、スーパーの会計でも待ち時間が長く、ぞんざいな対応をされることも少なくない。つまり、サービスに人が介在することでストレスが増え、満足度が損なわれるため、そのストレスをなくそうという目的でＩＴによる無人化が進みやすいという事情があるわけです。

中国では、無人化こそが顧客体験の改善に直結している。だからこそ、中国のレストランは大変なスピードで無人化が進むわけです。

翻って日本では、全く逆の前提があります。それは「人が介することで体験が向上し、付加価値が上がる」というものです。たしかに、高級レストランにとどまらず、大衆的な居酒屋チェーンでも、そしてファストフード店でも日本の飲食店スタッフはきめ細かい接客を提供してくれます。そのためお店の店員さんとのやりとりがなくなったら味気なくなると考えるお客様は少なくないでしょう。このような文化的背景を持つ日本が、「人手が足りなくなる」という全く異なるニーズから表面的に中国の真似をして無人化を進めても、好ましい結果にならないことは自明です。

中国には中国の、日本には日本の事情があり、文脈があります。ただ単に「進んでいるから」とそのまま真似をするのではなく、日本であればそれをどう解釈し、どういう課題を解決して理想の飲食店体験をつくり上げるかをきちんと考え、実行できるお店こそが、次の時代のリーダーとなっていくはずです。

店も客もストレスフリーの電話予約

テクノロジーによって、電話予約のあり方も変わってきます。

私の会社では、飲食店の電話業務のアウトソーシング事業を行なっています。予約電話はもちろん、道案内、忘れ物の問い合わせなど、すべての電話をトレタ コンタクトセンターが受け、お客様に対応するというサービスです。ここでコールエージェントは、「はい、コールセンターです」とは言いません。お店の情報をすべて理解した上できちんとお店の名前を名乗り、お客様の問い合わせにも対応します。

お店の人は電話対応のわずらわしさから解放される上に、ただ待っているだけで予約がどんどん埋まっていく。そのぶん、接客に時間をかけることで接客品質を高め、顧客満足度を向上できるようになります。コンタクトセンターでは、飲食店の営業時間外の電話も受け付けますので、休業日や営業時間外の予約を取りこぼすこともなくなり、売り上げのアップも実現できます。

また、最近の若いアルバイトの方たちの中には、ふだんほとんど電話を使わないため、電話でのコミュニケーションが苦手な人が多いそうです。中には「電話が嫌だから」という理由でアルバイトをやめてしまう人も少なくないと聞いています。

こういった悩みも、電話対応をアウトソーシングすることで解消します。結果、従業員の満足度が上がり、定着率も高められるのです。

さて、問題はアウトソーシングにかかる費用です。人を電話の前に常駐させることになるので、どうしても人件費がかさんでしまいます。

私も飲食店を経営していたのでよくわかりますが、電話代行サービスは、個人店には気楽に手を出せる価格水準ではありません（もちろん、それでも導入した際にはその価格以上の費用対効果が出ることは間違いないのですが）。

そのため、できるだけオンライン予約に誘導するか、頑張って電話を受け続けるかという選択になってしまうケースが少なくありません。

そんな中、いま次なる「予約のイノベーション」への準備が着々と進んでいます。

コール業務をＡＩで対応しようという動きです。ＡＩがお客様からの予約電話を受け付け、さらに配席までを自動的に行うのです。

「そんなことができるの？」と疑う人もいるでしょう。しかし、ＡＩは驚くべきスピードで進化しています。**もはや、人間とやりとりしているのと区別がつかないレベルにまで達していますし、配席作業も人間よりもはるかにスピーディーかつ高度にこなします。**

もしこのアイデアが実用化されれば、おそらく現在の10分の１くらいの金額で、電話対応をアウトソーシングできるようになるでしょう。そうなれば、個人店でも十分、利用することができます。

かつて私は、「オンライン予約が普及したら、電話予約がなくなる」と考えていました。それが、理想の世界だと思っていました。一日でも早くそんな世界を実現したいと思って、オンライン予約の普及につとめていました。

しかし、ＡＩによる安価なコンタクトセンターが実現し、すべてのお店がそのサービスを享受できるようになったら、必ずしもオンライン予約が普及しなくてもよくなります。お店で働く人を電話から解放することが、オンライン予約に誘導する目的だったからです。

むしろ「アレクサ」など、スマートスピーカー（音声アシスタント）が急速に普及している現在の流れを考えると、キーボードを叩いたり、液晶画面をタッチしたりするより、音声インターフェイス（電話）こそがこれからのメインになっていくかもしれません。そうなれば、電話をやめてオンラインに切り替えていこうという発想自体がナンセンスになります。

正しいと思っていた価値観が、新しい技術をきっかけにどんどん変わっていく。

私自身もまた、思考が毎日のようにどんどんアップデートされています。

私たちはそんな更新速度の速いパラダイム・シフトの時代にいることを、忘れないでください。

2024年、飲食店経営者の一日が激変

現在の飲食店を取り巻く状況を、「新3K」（きつい、帰れない、給料が安い）と表現する人がいます。私たちが変わろうとしなければ、きっとこの状況は延々と続くでしょう。

しかし、変わろうと決意すれば、5年後にはこの状況を激変させることができると確信しています。

ここで、私が想像する「ある飲食店経営者の5年後の一日」をご紹介しましょう。

そこには、いまとは全く違う景色が広がっています。

9時　スマートフォンで営業実績を把握

朝起きてスマートフォンを見ると、前日の営業実績が届いている。昨夜は私用で閉店前に店を出てしまったが、データを見れば、昨日は全店売り上げが480万円、営業利益は60万円だとわかる。

月間の目標に対して、110%で推移している。この調子なら、次のお店の出店も予定どおり進められそうだ。

14時　会議はオンラインで完結

新しい店舗についての打ち合わせ。設計士さんは鎌倉から、メンバーは都内の自宅からリモートで参加だ。オフィスの会議室にいるのは僕だけ。3Dのモデリングでつくられた店舗を、VRを使って歩いてみた。新しい趣向も凝らされていて、いいお店になる予感が高まる。

15時　出店に有利な土地がデータから検索可能

新店舗は、クラウド商圏データサービスを使って発見した掘り出し物の物件だ。不動産屋さんに連絡をとったり、内見をしたりする回数が以前より少なくて、いい物件を見つけやすくなった。

それにしても恵比寿で、あんなに繁盛しているお店がたくさん集まっている場所が穴場なのは驚きだった。ただ街を歩いているだけでは気づかないことがたくさんある。会計システムを銀行に接続し、さらにこうしたデータを使って優良な物件を選ぶと、銀行も積極的に融資に応じてくれるからありがたい。

16時　実働時間が50％も短縮可能

今日は六本木の店舗の開店準備に立ち会う。お店の掃除はロボットがやってくれるし、仕込みもかなり自動化できるようになったから、オープン前の作業がかなり楽になった。

おかげで、以前は14時に出勤しなければならなかった社員やアルバイトも、16時に来れば十分だし、23時すぎには退勤できるから、実働で7時間。初めて出店した頃、一日に14時間も働いていたことに比べるとその半分になる。

17時半　お客様と過ごす時間の充実度が格段にアップ

オープン30分前に朝礼を行なう。今日の話は、僕の目指す理想のお店について。お店で働くメンバーに、何よりも優先してほしいのはお客様とのコミュニケーションだ。

だからといって、単純にお客様と長話をしたって笑顔は増やせない。「しつこい店員だな」って思われるのがオチだ。いかにお客様を知って、短時間でお客様の心をつかむ会話ができるかが重要。そのためにも、開店前にお客様の情報をしっかり把握することが日課になった。今日の重点取組対象のお客様は3組。来店されたら挨拶に行こう。

セルフオーダーの端末のおかげで、スタッフはメニューを覚える必要がなくなった。そのぶん、お客様との会話をどれだけ豊かにできるか、そこにみんなの創造力を発揮してほしい。

18時　店の電話は鳴らない、予約はすべてネット経由になる

今日も無事、オンタイムで開店。オープン前には三つのテーブルに予約が入っていなくて苦戦するかと思いきや、オープン直前の5分前にＡＩ電話から2組のお客様が予約を入れてくれた。幸先いいぞ。

あちこちのテーブルで、スタッフがお客様と笑顔で会話している。初出店の10年前は、お客様が楽しんでいるかは「感覚」でしか評価できなかったけど、いまはきちんと定量的に顧客満足度を分析できるデータとツールがある。精神論の経営から脱却できた手応えを感じている。

20時半　店もお客様も会計の手間から解放される

そろそろお帰りになるお客様も出てきたみたいだ。出口でひと声かけてきちんとお見送りするのは、社長としての僕の大切な役割のひとつ。

以前は僕がお会計をしながらのお見送りだったから、どうしても手が回り切らなくて、きちんとご挨拶できないお客様もいた。いまはお会計もぜんぶ自動で済ませられるから、本当に便利になったと思う。

1組お帰りになったと思ったら、すぐに空いたテーブルにインターネットで予約が入ったみたいだ。今日も2回転目、いけるぞ。

21時半　食材の自動発注ミスがゼロ

そろそろ売り切れるメニューも出てきたようだ。厨房から売り止めのキューが出始めた。以前だったら「ヤマ！」と全スタッフに伝えないといけないところだけど、いまはキッチンスタッフがタブレットの「売り切れ」というボタンをタップするだけで、自動的にセルフオーダー端末からメニューを消せる。デジタル化されたメニューブックのおかげで、今日のおすすめも順調に売れているようだ。

ラストオーダーに向けて、念のためバックヤードに移動して、今日使用したぶんの食材がきちんと自動発注されているか履歴をチェック。よし、間違いなく発注されているようだ。あとは料理長が、明日のおすすめ料理に使う、特別な食材だけ追加発注してくれれば大丈夫そうだな。

23時半　レジ締めは不要、スタッフはスピーディーに帰宅！

お客様も全員お帰りになった。店長も、スタッフも、料理長も、閉店したらすぐに帰っていった。昔はここからレジ締めや掃除で、帰りは終電後になっていたから、本当にお店の運営が楽になった。

オンライン決済とスマホ決済、そしてクラウドレジのおかげでレジ締めはいらないし、発注もすべて自動だから、棚卸しやファックス送信などもいらなくなった（料理長は、今日は帰りの電車の中で、明日のおすすめ料理の発注を済ませると言ていた）。

あとは掃除ロボットのスイッチをオンにして、戸締まりをして帰るだけ。そろそろ今日の営業成績や、日次決算のレポートがスマートフォンに届く頃かな。他の店舗のレポートも見るのが楽しみだ。

この調子でいけば、スタッフの給料もちょっとは上げられるかな――。

逃げていると死ぬ時代

「まるで夢みたいな話だ」

そう思った方もいるでしょう。

しかし、テクノロジーの進化のスピードは、私たちの想像をはるかに超えています。**わずか20年前は、まだインターネットもそこまで普及していませんでした。**スマートフォンも、SNSも、この世に誕生していません。カメラはまだフィルムが一般的でしたし、音楽はCDを買って聴いていました。

当時、いまのような世の中が訪れることを、どれだけの人が想像していたでしょうか。それと同じように、これから先の20年も、誰も想像できないような変化が起こるのは間違いありません。

この波に乗り遅れることは、飲食店にとって「死」を意味します。

しかし一方で、テクノロジーは決して目的ではなく、手段にすぎないというのも紛れもない事実です。**テクノロジーさえ導入すれば、自動的にバラ色の未来が訪れるかと言えば、そんなことは全くない。**

重要なのは、「それを使ってお客様にどんな体験をしてもらいたいのか」という目的を、私たちみんなで考えていく視点です。

急速に変化するパラダイム・シフトの時代では、「走りながら考える」ことが重要になります。あなたが会議室でＩＴ化について議論している間にも、目端の利くライバルたちはどんどん前へ進んでいます。

私は飲食店を経営していたとき、「これはいけるぞ」と思ったら、準備するよりも先に、まず走り出すことを心がけていました。**資金も人手も潤沢にあるチェーン店に、小さな個人店が唯一、対抗できるのは、臨機応変に動くスピードだけです。**走り出してから、軌道修正をくり返していけばいいのです。

現在主流となっているＩＴツールの大きな特徴は「クラウドサービス」であるということです。昔のように数百万円、数千万円の開発費をかけてつくり上げ、そしてそのあと何年もかけて償却していくのではなく、いまは「月額数万円」の費用で自由に利用できることがその最大のメリットです。昔のような自社開発ではそう簡単にシステムの乗り換えはできませんでしたが、クラウドであればいつでも気軽に乗り換えることができます。**クラウドサービスであれば「試しに導入してみて、ダメならやめる」ということが個人店でも簡単にできるのです。**

だから、ＩＴ化するか否かの議論に費やす時間があるなら、その時間を「いかに活用するか」を考えることに使いましょう。お客様にどんな価値を与えたいのか？そのために何を取捨選択するのか？　お店の魅力の核心に迫る部分ですから、時間をかけて考える価値はあるはずです。

いまはもう、お店をＩＴ化するかどうか、テクノロジーを導入するかどうかで迷っている場合ではありません。まず、一歩を踏み出してみること。そして、走りながら考えていきましょう。

ここまで、外食業界の未来について考えてきました。

「まだまだこの仕事には可能性があるぞ」

「明るい未来が見えてきたぞ」

そんなふうに、勇気が湧いてきた人も多いかもしれません。

では一方、現在はどのような状況なのでしょうか。外食業界を取り巻く実態を、次章で詳しく見ていきたいと思います。

第2章

なぜブラック産業に陥ってしまったのか

外食業界が迎えている最大の危機

第1章では、外食業界の未来について、希望を込めてお伝えしました。
「まだまだ可能性にあふれているじゃないか」
「この業界も捨てたもんじゃないな」
そう思った人も多いでしょう。

しかし一方で、暗い話もしなくてはなりません。これ以上、現実から目をそむけることはできない状況に来ているからです。

私たちはいま、外食が「産業」になって50年の歴史の中でも、最大の危機に直面しています。

課題は大きく分けると、二つあります。**「人手不足」**と**「労働環境のブラック化」**です。この二つはコインの裏表のような関係性で、人手が足りないから、労働環境がブラック化する。労働環境がブラック化するから、ますます人が集まらなくなる。そんな負のループに陥っているわけです。

まず、外食業界の「欠員率」（どれだけ人手が足りていないかを表す指標で、失業率と対をなす）ですが、厚生労働省による調査結果によると、全産業の平均が2・4％なのに対し、外食・宿泊は5・4％と、倍以上の数字が出ています。他の業界と比べて、倍以上の水準で人が採用できていないということになります。

人手不足は、いまに始まったことではありません。私が飲食店を経営していたときも、人手不足は悩みの種で、求人広告を出しても、一件も応募がないということはざらでした。

最近では、人手不足による閉店も起きています。先日も、東京・恵比寿にオープンした日本酒のお店を、私たちの社員が訪ねたところ、お店が開いていませんでした。

理由をうかがったら、「人を確保できなくて、店を運営できなくなりました」とおっしゃっていました。駅から200メートルくらいの好立地で、メディアでも取り上げられていた話題のお店なのに、こんなことが起こってしまうのです。

おそらく家賃も相当かかるでしょう。それなのに、2か月もお店を開けることができない。もちろん、質の悪いお店が消えていくのは、当然のことです。しかし、このような質の高いお店であっても、存亡の危機に立たされることがある。人手不足の深刻さは、もうここまで来ています。

人手不足を解決する方法として、移民を受け入れようという話もあります。しかし、それは穴の空いたバケツに水を注ぐようなものです。根本的な解決になっていません。

しかも、移民を増やすのも、そう簡単なことではありません。最近、農林水産省が「外食特定技能試験」という制度を始めました。この試験に受かれば、在留資格を与えるというものです。

ところがこの試験制度によって、逆に門戸が狭くなってしまった、という指摘があります。たとえば、この試験を受けるために、わざわざ海外から来日するという人はどれくらいいるのでしょう。外食の現場からすると、全くナンセンスな制度だと思います。

ますます進むブラック化

人手が足りなければ、そのぶん働いている人へしわ寄せが及びます。労働環境のブラック化です。近年、「働き方改革」が叫ばれていますが、もっとも遠いところにいるのが外食業界と言っても過言ではありません。

厚生労働省が出している疲労蓄積度のデータを見てみると、全産業の平均が８％なのに対し、外食・宿泊は14・７％。他の業界よりも倍近く疲れていると言えます。また、実労働時間が週60時間を超える割合は全産業中トップです。実労働時間が週60時間を超える飲食店、または法人は、全産業平均の２倍から3倍も存在しています。

さらに休みも少なく、**年間の休日総数**が、全産業平均では１０８日なのに対し、外食・宿泊は97日です。これも**全産業中ワースト1位**です。

続いて、外食業界で働く人たちの待遇面における満足度を調査したデータでは、その過半数で「低い」という結果が出ています。こうしたデータを見ても、労働環境に問題があることは一目瞭然です。では、なぜ外食業界はここまで「ブラック化」したのか。その原因を突き詰めていくと「生産性」の3文字に行き着きます。

外食業界の課題は、「人手不足」と「労働環境のブラック化」の二つだとお伝えしました。これはあくまで、結果的に表面化している現象にすぎません。この二つを対症療法的に解決しようとしたところで、限界があります。**問題の根本には、「生産性の低さ」があるのです。**

左の図は、総務省が公開しているデータです。横軸は「稼ぐ力」。右へ行けば行くほど、稼げているということです。一方、縦軸は「雇用吸収力」です。上に行けば行くほど、雇用をたくさん生んでいるということです。

この二つの軸の上に、各産業がマッピングされているわけですが、外食業界はどこにいるでしょうか？

上の少し外れたところに、ポツンと点があります。

これが、私たちの置かれている場所です。「雇用吸収力」は断トツで上のほうに位置しながら、「稼ぐ力」はほぼゼロのところに位置している。

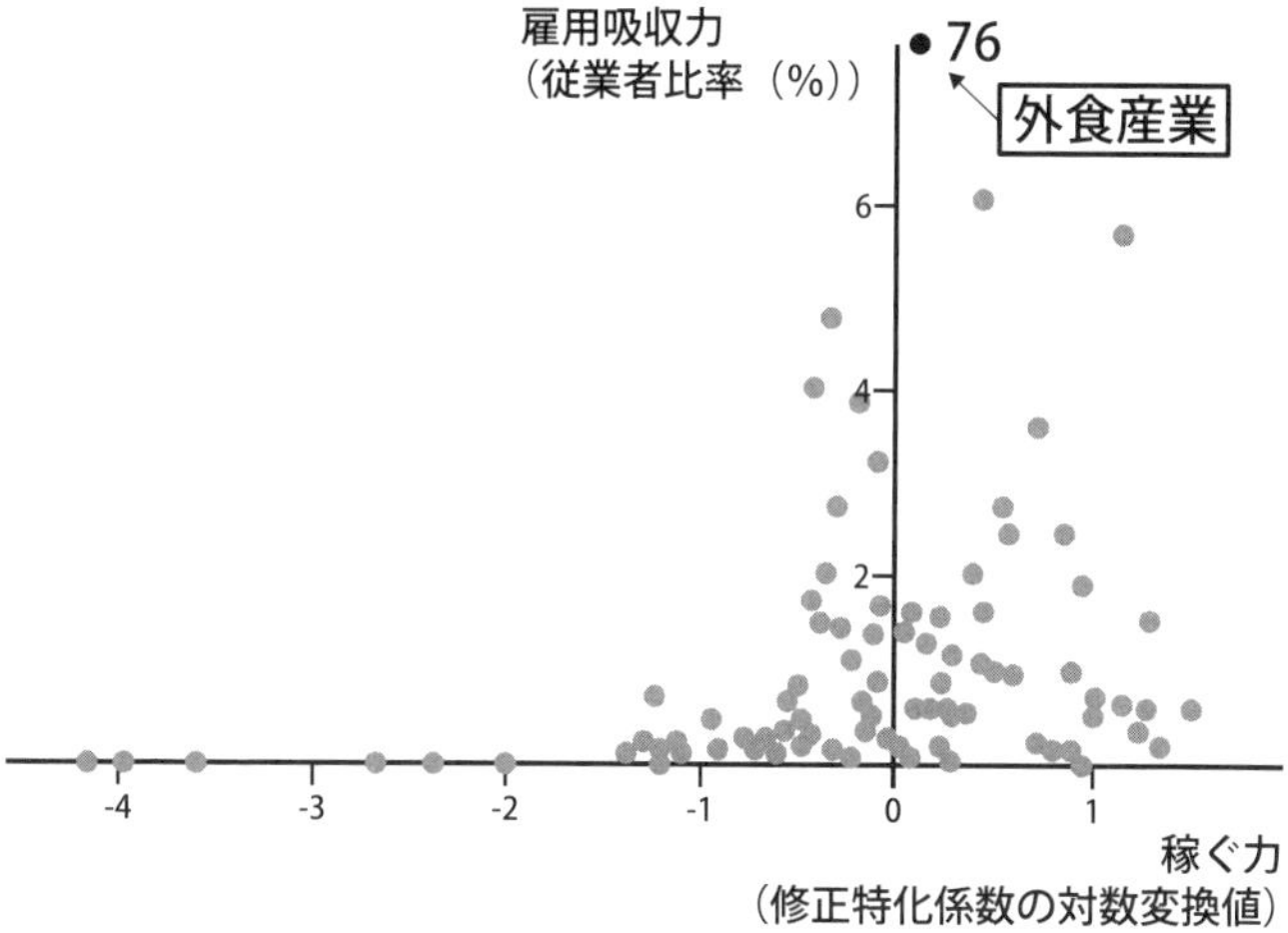

外食は大量の雇用を生んでいるがほとんど稼げていない

つまり**外食業界というのは、多くの雇用は生んでいる一方で、ほとんど稼げていない。人海戦術でなんとかやっている産業**だということが、この図からわかってきます。

業界を席巻したＰＯＳ革命

では、昔から外食業界はこうだったのでしょうか。

いいえ、業界全体が元気で、成長していて、儲かっていた時代がありました。それが、１９７０年から80年代半ばにかけての15年間です。この15年間が、外食が「花形産業」だった時代です。

戦後から１９７０年頃まで、飲食店と言えば「家業」として営むものでした。お父さんが料理をつくり、お母さんが接客をする、そして子どもたちがそれを手伝う、といった風景が当たり前でした。

ところが１９７０年代に入って、外食が一気に産業化しました。「家業から産業へ」という変化が起こったのです。

その結果、**わずか15年間で、外食業界の市場規模は7兆円から21兆円へと、約3倍にまでふくらんだのです。**

このとき登場したのが、すかいらーく、マクドナルド、ロイヤルホスト、ケンタッキーフライドチキン、吉野家、和民といったチェーン店です。どのお店もいまや日本を代表する企業となり、外食業界の頂点に君臨しています。

なぜこの時期に、7兆円だった市場規模が21兆円にまで急拡大したのか。そしてなぜこの時期に、こうした企業が続々と誕生したのか。それは、**POSレジ(販売時点情報管理)の普及が大きく関係しています。**

POSレジは1970年、米国で開発され、日本に持ち込まれました。時を同じくして同年、すかいらーく(現・株式会社すかいらーくホールディングス)が、東京・国立に第1号店を出店。翌1971年には、マクドナルド(現・日本マクドナルド株式会社)が東京・銀座に第1号店を出店しました。

また、1973年には、1899年創業の老舗、吉野家（現・株式会社吉野家ホールディングス）がフランチャイズ事業を開始します。

POSのおかげで、飲食店の経営はガラッと変わりました。

商品の売り上げをデータで分析できる。
オーダーのハンドリングが効率よくでき、大箱の運営が可能に。
チェーンオペレーション（多店舗展開）ができる。

このように「POS革命」と言うべき波が、外食業界を席巻したのです。

問題はこのあとです。外食業界を大きく進化させた「POS革命」以降、業界は30年にわたって、それに匹敵する技術革新を起こすことができなかったのです。

本来なら、「POS革命」に匹敵するであろう「IT革命」が起きていてしかるべきです。ところが、**「POS革命」が終わった80年代半ばから、現在までのおよそ30年間、現場のオペレーションや経営はほとんど変わっていません。**

食材の発注ひとつとっても、いまだに多くのお店ではファックスを使っています。予約管理、顧客管理も紙のノートを使っていたり、シフトも紙に書いて管理していたりと、80年代とほとんど変わらないやり方をしているお店が、外食業界にはまだまだ多いのです。

私はこれを「外食の失われた30年」と言っています。「この30年の遅れを取り戻して、外食産業を一気にアップデートしようじゃないか」というのが、私のライフワークであり、その思いは、株式会社トレタの掲げる「食の仕事を、おもしろく」というミッションにも通じています。

では、「POS革命」が終わって以降、外食産業の市場規模はどうなったでしょうか。

次ページのグラフをご覧いただくとわかるように、1970年代から一貫して成長を続けてきた市場規模が、1997年の29兆円をピークに減少に転じていることがわかります。

外食の市場規模

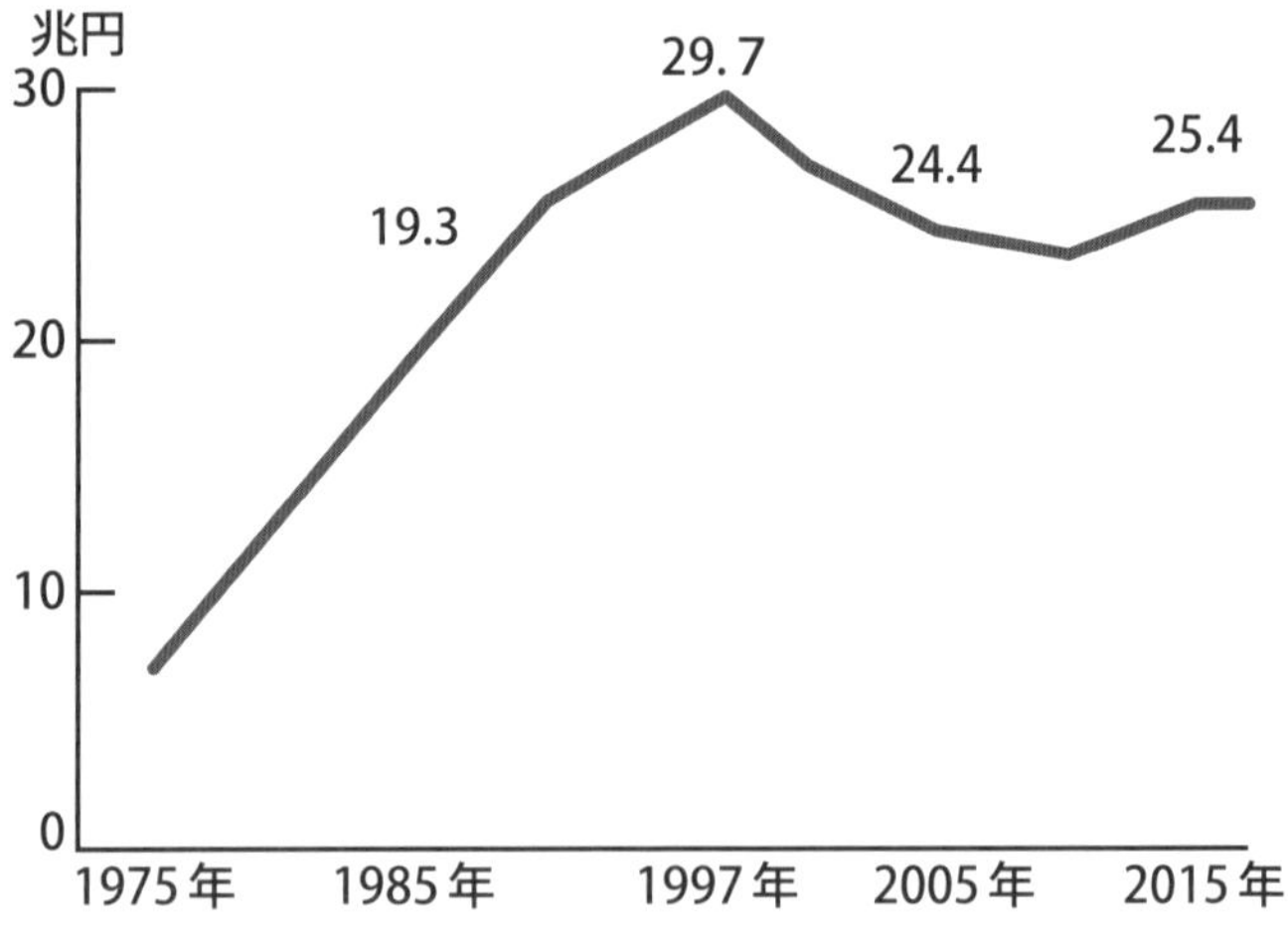

現在は24兆円でどうにか下げ止まっていますが、これから上昇に転じる兆しは、いまのところ見当たりません。近年、インバウンド（外国人観光客）の需要が注目されていますが、2020年のオリンピック以降、今のように観光客が増加し続けるとは限りません。外食産業が再び成長産業になりうるという楽観視はできないのです。

ましてや、これからの日本は少子高齢化がますます進行することは間違いありません。人口が減るだけでなく、お年寄りが増えることで、人口1人当たりの「食べる量」も減っていくのです。

何も手を打たなければ、今後、さらに外食産業が縮小していくことは間違いないでしょう。

仕事の質と評価の格差

私自身、異業種からこの業界に身を投じて、最初のうちはカルチャーショックの連続でした。

転身した当時の2000年頃は、さまざまな業界でIT化が進んでいました。しかしこの業界は、納品書、シフト、日報……何から何まで紙ベース。そして、連絡手段は電話かファックスでした。だから業務でパソコンを使う機会がほとんどありません。これほどアナログで、時代遅れなことをなぜやっているのか、不思議でなりませんでした。

アナログだから、何をやるにしても時間がかかります。当時は私も、現場に立って働いていましたが、**手作業でやる仕事があまりに多いことに、正直、うんざりしていました。**

とくに印象に残っているのは、最初にオープンしたお店が深夜営業の居酒屋だったこともあって、日の光を見るのが銀行へ行くときくらいしかなかったことです。当時、個人で飲食店を経営しようとすると、一日18時間くらいは働かないと回りませんでした（私の経営が拙かったという理由もあると思うのですが）。それでようやく利益が出るか出ないかの世界です。

また、言葉を選ばず言ってしまうと、モラルの低さにも驚きました。求人広告を見て応募してきた人と面接の約束をしても、無断で来ないのは当たり前です。来たとしても、服装が短パンにビーチサンダルという始末です。当時は手書きが当たり前だった履歴書も、コピーをして使い回すのもよくある光景でした。

それでも飲食店は慢性的に人手不足ですから、「まあ、応募してきてくれただけいいか」と思って採用します。ところが、出社予定日に現れない、電話にも出ないという事態が起こります。

飲食店で働く人すべてが、こういう人ばかりだと言っているわけではありません。優秀な人、誠実な人も、たくさんいます。ただ、とにかく人手が足りないために、人材を選ぶ余地はなく、求職してくる人たちをそのまま受け入れざるをえない環境になっているという状況です。

そんな業界ですから、お客様から下に見られることもあります。私も現場に立っていたとき、一部のお客様から「兄ちゃん、あれ持ってこい」などと命令口調で言われることがあり、そのたびに**「こんな長時間懸命に頑張っていながら、なぜこん**

な扱いを受けるのか」という残念な思いをしていました。

もちろん、お金をいただいているわけですから、サービスにつとめるのは当然のことです。しかし**飲食店員はお客様の奴隷ではありません。**ただ、最低限のリスペクトを持って接してもらえるだけでいい。「大金を投じて、リスクを背負って、こんなに大変な仕事をしているのに、利益が出ないだけでなく、これほどまでに報われないとは」と、この業界に飛び込んだことを後悔する夜もありました。

たとえばデザイナーや写真家、ミュージシャンは、世間から尊敬されている仕事のひとつでしょう。高度なクリエイティビティが要求される、選ばれた人間にしかできない仕事だと思われています。

しかし本来、飲食店の仕事も、きわめて高度なクリエイティビティが要求されるものなのです。**調理にしろ、接客にしろ、人間の五感をすべて駆使して、お客様に喜びと感動を与える。誰でもできる仕事ではありません。**

それなのに、飲食店の仕事は、なぜか下に見られてしまう。私はそれが悔しくてなりません。

お店で働く人たちが思う存分、クリエイティビティを発揮し、それに見合った収入を得て、もっと優秀な人たちが積極的に参入する業界になり、夢のある職業になれば、絶対に世の中から尊敬される仕事になるはずです。

そうすれば、優秀な人がさらにたくさん入ってくるようになるし、業界の生産性も上がっていく。こうした好循環を巻き起こすためにも、やはりＩＴを活用して、お店のあり方を根本から再構築していかなければなりません。

長年の刷り込みと歪んだ美学が巣くう

いまも多くの飲食店が「アナログ経営」を続けていることを、先ほどお話ししました。それが、外食業界の「失われた30年」を生んでいると。

では、なぜこうした状況が何十年も変わらないのか。なぜ課題がずっと放置されているのか。理由は大きく二つあると考えています。

ひとつは、刷り込みの弊害です。

私のように、異業種からこの世界に飛び込んできた人間は、外食業界では珍しいほうです。多くの人は、どこかのお店で経験を積み、仕事の基本を身につけ、やがて独立して自分のお店をかまえます。

飲食の世界は「伝承」で発展してきました。仕事の進め方、従業員のマネージメント、すべて既存の店舗から受け継がれるのです。もちろん、よい面もあります。独自のレシピや、おもてなしのノウハウといった大切なものが次世代に受け継がれるのは、素晴らしいことだと思います。

しかし同時に、**非効率的な業務や、時代遅れの価値観も受け継がれてしまうのが問題**です。先輩はこう言っていた、前の社長からはこんなふうに教わった、だから飲食の仕事とはこうあるべきだ……。そんな**「刷り込み」や「先入観」が、働く人のクリエイティビティを奪っているのです。**

一見、合理化されているように思える大手チェーン店も、同じ問題を抱えています。私の印象では、大規模チェーンだからといって、必ずしも特別なことをやっているわけではありません。優れた個人店がその分身を増やし、多店舗化したのがチェーンですから、個人店時代のノウハウを残している会社も少なくないのです。

飲食店は比較的、規模を拡大しやすい業種です。成功したお店がひとつ生まれたら、そのコピーを増やしていけばいいからです。しかしここで注目しなければならないのは、**どんなに成功したお店でも決して完璧ではなく、経営や運営における課題は必ずどこかに存在しているということです。**ただ、その課題を覆い隠すくらいの魅力があるから繁盛店になっているのです。つまり、繁盛店の持つ魅力の裏側で、非効率的な面や、時代遅れの面もまた、どんどんコピーされて拡散されていってしまうのです。

もちろん、チェーン展開する過程では、ある程度、業務を合理化する努力はしているでしょう。しかし、それも完璧ではありません。そもそも、基本は昔ながらの人海戦術なのです。潜在化している非効率的なやり方が伝承され、場合によってさらに独自のアレンジを加えられながら、増改築をくり返すかのように、模倣され増殖しているのです。

こうした状況を打開するには、**飲食店で働く人たちが、もっと他業界のことを知**

る必要があります。自分の知る世界に閉じこもることなく、外に出てみる。そうすれば、自分たちの当たり前が、当たり前でなかったことに気づくでしょう。

もうひとつは、外部の血を積極的に取り入れること。**異業界からの転職を積極的に受け入れたり、業界への参入のハードルを下げたり、**もっとできることはあると思います。

業界が変わらないもうひとつの理由は、飲食店ならではの「歪んだ美学」が根強く残っていることです。働く人のメンタリティの問題です。

日本の外食業界には、「飲食道」とでも言うべきこだわりが、よくも悪くも根付いていています。実際、私たちが飲食店に営業へうかがうと、「機械に頼るなんて邪道だ！」と断られることもしばしばあります。

ＩＴ化して、お客様の情報をデータとして蓄積すると、こんないいことがありますよ、とお伝えしても、「それは機械が覚えているだけじゃないか。努力して頭で覚えないと意味がない」とおっしゃるのです。「手で書くから覚えることができるんだ」と主張される人もいらっしゃいます。

ここまでくると、もはや「飲食魂」とでも呼びたくなります。こうした根拠のない思い込みは、まだまだ業界に根強く残っているのです。

「歪んだ美学」は、いろんな場面で顔を出します。たとえば、「注文をＰＯＳのハンディターミナルでとるのは失礼だ。紙に手書きするべきだ」と言う人もいれば、「メニューをパソコンで作成するのは邪道だ。手書きにすべきだ」と言う人もいます。

現場の若いスタッフが、「こうすれば、もっと仕事が効率的になります」と提案しても、経営者が「楽しようとするんじゃない！」と言って許さないケースもあるようです。

たしかに、手間ひまをかけることが付加価値を生むという側面はあります。すべてが機械化、合理化されてしまったら、味気のないお店となって、魅力が薄れてしまうかもしれない。丁寧な「あと一手間」が、お客様を感動させることは事実です。だからこそ、日本の「おもてなし」は世界から注目されています。

ただ、その考え方がいきすぎると、**みずから効率を落とすことが善、無駄なことをするのが善、という発想になってしまいます。**

時間は有限です。業界の「美学」や「刷り込み」に影響されて、非合理的な選択をすることのないように注意する必要があります。**その「一手間」は、本当に顧客価値につながっているのでしょうか？　お店の自己満足に終わっていないでしょうか？**

機械を使ったからといって、心がこもっていないわけではないし、むしろ機械を使ったほうがきめ細かい「おもてなし」ができるというのも紛れのない事実です。

合理化というのは、ＩＴを入れて最初に起きる現象にすぎません。本当にやりたいことは「高度化」です。人力では限界があったものを、ＩＴの力を借りることで、より高度にしていくことが本当の狙いです。

人間ができることには限界があります。ＩＴツールにきちんと投資をして、合理化をすることは、お客様を大事にするという姿勢の表れでもあるのです。

こうした「歪んだ美学」は、繁盛店の影響も少なくないと思っています。繁盛しているお店ほど、より積極的にいろいろなことにコストをかけることができます。それを見た人が、「なるほど、繁盛しているお店はここまでやるのか。我々もここまでやらねば！」と勘違いしてしまうのです。

繁盛店だからこそできる「意図的な無駄」が、業界全体のロールモデルになってしまう。無駄と繁盛の因果関係を誤解してしまう。そんな悲劇が起きているのです。かく言う自分も、飲食店を経営しているときは、繁盛店に惑わされました。視察に行けば行くほど、自分のお店の足りないところが見えてきて、やることがどんどん増えていくという悪循環に陥ってしまっていました。

グルメサイト20年の変遷

変わらない外食業界。しかし、この20年で大きく変わったことがひとつあります。それは、「食べログ」「ぐるなび」「ホットペッパー」をはじめとした、「グルメサイト」の登場です。その歴史を、軽く振り返ってみましょう。

グルメサイトが登場する以前、１９８０年代から90年代半ばまでは、マスメディアによる紹介が主流でした。雑誌、テレビ、グルメ評論家の本といった媒体に紹介してもらうことで、新規客の獲得を狙っていました。


中でも流行をリードしていたのは雑誌です。当時の情報誌には、たいてい新規オープン店の紹介コーナーがありました。『ハナコ』『ホットドッグ・プレス』『ポパイ』といった人気雑誌にいかにして掲載してもらうか、お店が一生懸命に考えていた時代でした。

お客様が直接知り合いにお店を紹介するクチコミも、当時は力を持っていました。おすすめのお店を紹介することは自分のセンスが試されることでもあるので、気軽に教えたりはしません。それでも、相手を喜ばせたいという思いから、とっておきのお店だけを厳選して教えることになります。

こうした**心理的ハードルを越えて流通する情報は、雑誌に掲載される情報よりもはるかに信頼性が高かったのです。**

さて、グルメサイトの草分けとも言える「ぐるなび」が誕生したのは、1996年のことでした。当時、まだ自社ホームページを持っていない飲食店が多い中、自分のお店の情報をオンラインに掲載できる「ぐるなび」は、多くの飲食店に支持されることとなりました。

それを追いかけるようにして、リクルート社の「ホットペッパー」が誕生します。当初はフリーペーパーとしての発行でしたが、その後、ウェブ版のサービスも公開されました。

当時、いち早くITを取り入れた飲食店というのは感度が高く、センスのよいお店ばかりでした。そのため、「ぐるなび」も「ホットペッパー」も、当初はある程度、ふるいにかけられた「趣味のよい」お店が並んでいました。

詳しくはのちほどお話ししますが、当時はまだ珍しかった「クーポン」も注目され、「ぐるなび」「ホットペッパー」は、多くのユーザーを獲得しました。

しかし、それらのサービスの知名度が高まり、掲載されているお店のラインナップが多種多様になっていくにつれ、ある課題が発生します。それまでは「いいお店」が多かったグルメサイトに「不人気店」が交ざるようになり、**玉石混淆となって、お店選びに支障が出るようになってしまったのです。**

なぜそんな状況になってしまったのか。それは、「ぐるなび」も「ホットペッパー」も基本的な成り立ちが広告媒体だからです。つまり、お店側が支払う掲載費によって運営され、お店側が自由に自店の情報を掲載できるようになっているのです。そのため、集客に困っているお店側はユーザーの飛びつきそうな言葉を並べて、誇大広告ともとれる情報を掲載するようになります。しかし、サービス側は、その妥当性を厳密に問うことができません。そもそも誇張しているかどうかは主観によるところが大きいですし、それを厳しくチェックすることは結果として飲食店の掲載数を減らすことになってしまいます。結果、ユーザー側には自衛手段として「お店の謳い文句をそのまま信じてはいけない」という接触態度が生まれました。

こうした既存の広告媒体型グルメサイトへのアンチテーゼとして生まれたのが、カカクコム社が運営するクチコミ型グルメサイト、「食べログ」です。

「食べログ」が誕生したのは、2005年。ユーザー同士の感想を共有するという新しい発想で、グルメサイトの代表の座を奪いました。

それまでの「広告媒体型」のグルメサイトともっとも異なるのは、掲載される情報の主導権がユーザー側に移ったことです。お店による宣伝・販売促進的な要素がほとんど少ないため、非常に客観的で信頼できる情報だと思われるようになりました。

ところが時が経つにつれ、その弊害もまた顕著になってきたのです。

グルメサイトがもたらした「刹那的な集客」

これらグルメサイトには、功罪二つの面があります。自分のお店の情報をオンラインに発信できるという点では、もちろん「功」です。とくに**資本力のない個人店にとっては、より広く自分たちのお店の存在を知ってもらうための力強い武器**になりました。

ただし、光があれば陰があります。しかも近年は、やや「陰」のほうが大きくなっているような気がするのです。

まず、「ぐるなび」「ホットペッパー」の課題は、クーポンに代表される集客手法の陳腐化です。かつては、お店でクーポンが使えること自体が新しい試みで、そこに希少性がありました。

ところが「クーポンを配るとお客様が来るらしいよ」という話が広がり始め、気づけばどこのお店もクーポンを配るようになってしまった。競争がエスカレートし、結果としてほとんどのお店がクーポンをばらまくような時代になってしまったのです。

クーポンによる集客では、自分のお店が求めている客層に必ずしもリーチできません。とくに数年前に話題になった「グルーポン」のような極端な値引きをすればするほど、安さにつられて来店する、いわゆる「バーゲンハンター」が集まりやすくなります。またお店にとっては、クーポンによる集客には麻薬のような側面があり、集客に悩んでいる飲食店が使い始めると、なかなか止めづらくなってしまうという側面があります。

一方で消費者もどんどん賢くなり、本当に繁盛しているお店はクーポン集客をしないことを知っています。だからこそ、クーポン集客に力を入れれば入れるほど、求めている客層をどんどん遠ざけてしまうことにもなりかねません。集客を目的にグルメサイトを活用したはずが、逆に繁盛を遠ざけてしまい、グルメサイト利用にどっぷりはまり込んでしまうという悪循環もあるのです（大手ファストフード店などがクーポンを活用するのは、多少事情が異なります。カジュアルなお店になればなるほど利便性やコストパフォーマンスなどの「機能価値」が大きくなりますし、大手になればなるほど自店の価値は認知されていますので、クーポンによる価値毀損が小さくなります。よって、クーポン集客との相性が非常によく、マーケティング上も有効な手段として定着しています）。

一方「食べログ」は、消費者の外食に対する価値観やスタンスを、ガラッと変えてしまいました。

かつて、「食通」とは自分の行きつけのお店や、わがままのきくお店をいくつか持っていたり、「この店は自分が育てた」と言えるようなお店がある人を意味していました。

しかし、「食べログ」の登場でその意味は大きく変わりました。**いまの「食通」は「数」を競うようになったのです。**ミシュランのお店にいくつ行ったことがあるか、「食べログ」の4点以上のお店をどれだけ制覇したか、あるいは何店舗のレビューを書いているか。一般の外食好きの人たちも、**「お気に入りのお店を見つける」ことよりも「いろいろなお店で、いろいろなものを食べてみたい」という嗜好に変化しました。**

その結果、予約が困難な人気のお店に行っても、「美味しかったね、また来よう」ではなく、「美味しかったね、次はどこに行こうか?」になってしまい、**再来店の意欲やお店に通うことの価値が、極端に低くなってしまったのです。**

グルメサイトが存在せず、手に入る飲食店情報が少なかったかつては、よいお店との出会いは貴重な財産でした。だからこそ、自分好みのお店を見つけたときの喜びは大きく、お客様は大切に通っていたのです。何度も通うことでお店の人に顔を覚えてもらい、常連として認めてもらう。それがある種のステータスでもありました。

しかし「食べログ」の登場によって、あまりにも簡単に「よいお店」を探すことができるようになってしまった。こうして、よいお店との出会いというありがたみが、急激に薄れてしまったのです。

かつてのクチコミは、知り合い同士の間で発生していました。お互いに信頼している間柄の中で、おすすめのお店情報を交換するのがクチコミだったのです。しかしいまクチコミが意味するものは、1回だけそのお店に行ったという「見ず知らずのユーザー」が書いたレビューや、そういう人たちが付けたスコアを集計したものを意味するようになりました。クチコミは、特定少数の信頼関係の中でやりとりされる情報から、不特定多数の中で共有される情報に、そして「常連さん」による評価から「一見さん」による評価へと変わったのです。

こうなると、お店側としても、一度きりの「ザッピングユーザー」と親密な関係を築くことは難しくなります。しだいに、「常連さんをつくろう」という意識が薄れていきました。**「売り上げを上げるなら、新規集客だ」という認識が一般的となり、焼畑農業とも言える、刹那的なマインドに変わってしまったのです。**

もちろん、「食べログ」が便利であることは紛れもない事実です。食べログが登場したことで、お店探しは本当に便利に、簡単になりました。また、より多くの消費者がより多くの良質なお店と出会う機会を生み出したことで、消費者の舌が肥え、それが飲食店をより一層進化させたという側面もあります。しかしその便利さが際立てば際立つほど、その歪みも大きなものになっているということなのかもしれません。

ニッチ型のグルメサイト3・0

2018年、有名グルメサイト各社は、相次いで資本提携・業務提携を行ないました。

「食べログ」とKDDI、「ぐるなび」と楽天、「ホットペッパー」とUSEN、「Retty」とヤフー。さまざまなビッグプレイヤーがグルメサイトと合従連衡を進めることで、グルメサイトの勢力図が一気に塗り替えられようとしています。

また、2019年5月に発表された「ぐるなび」の決算は、業界に大きな衝撃を与えました。最終利益が、前年比で8割も減少したのです。2017年に過去最高益を記録した同社ですが、急速に苦境へと陥っています。

ユーザーのリテラシーが向上したことで、グルメサイト一辺倒だったお店探しにも大きな地殻変動が起こりつつある印象を受けます。「お店の一方的な宣伝文句や、そのお店に1回しか行っていない、どこの誰かもわからない人の評価」だけでは、本当に自分の求めるお店を探すことができない。食の嗜好がどんどん細分化して消費者ニーズのニッチ化が進んだことで、そんな不満を持つユーザーが増えてきているのです。

それより、顔の見える知り合いがSNSに上げている情報のほうが、自分の好みのお店が見つかりやすい。そんな流れになっている気がします。言わばグルメサイトがなかった頃の、本来の意味での「クチコミ」に回帰しているのです。

飲食店の現場からの思いも変化してきました。お世話になっている常連さんのお叱りなら素直に聞くけれど、1回しか来ていないお客様の感想はどれだけ聞き入れるべきなのか。そもそも、そのお客様はうちの店と相性や価値観の合う方なのか。できることなら、自分たちのお店の価値を理解してくれる人に来店してもらいたいし、そういう人からの評価を聞きたい。誰でもいいから来店してほしいのではなく、お店の世界観や文脈に共感してくれる方たちと深くつながりたい。

このように、これまでのグルメサイトのあり方に疑問を持ち、見直す流れが起こり始めているのです。

この流れは、実は2015年くらいから始まっています。その象徴が、実名型のクチコミグルメサイト「Retty」と、料理人の顔が見えるグルメサイト「ヒトサラ」です。「ぐるなび」や「ホットペッパー」がグルメサイト第1世代、「食べログ」が第2世代だとしたら、これらは「グルメサイトの第3世代」と言ってもよいかもしれません。

「Retty」は、2011年にスタートしたクチコミサイトですが、実名登録を前提としており、フォロー機能をベースにつくられている点で、「食べログ」など、これまでのクチコミサイトとは大きく異なります。

つまり、特定の人の「おすすめのお店」を知ることができるのです。どこの誰だかわからない匿名の投稿より、信頼性も説得力もあります。また、好みの似ている人を見つけてフォローすることで、より自分の好みに合った、精度の高い情報を得ることもできます。

「ヒトサラ」は、2012年、USENが立ち上げたグルメサイトです。特徴は、料理ではなく「人」にフォーカスしている点。料理人にスポットを当てることで、「この料理人のつくった料理を食べたい」というニーズに応えるコンテンツになっています。

さらに「ヒトサラ」では、料理人がおすすめするお店も紹介しています。ユーザーは、「自分のお気に入りのシェフが美味しいと言うお店があるのなら、ぜひ食べに行ってみたい」と、こちらも「人軸」という新しい視点でお店を選ぶことができるのです。

もちろんこの先も、「イエローページ」のようなメガサイトとして、「食べログ」や「ホットペッパー」は残るでしょう。その一方、個人のニッチな嗜好に対応できる「Retty」「ヒトサラ」のようなメディアが存在感を増してくる時代が来るのではないかと予想しています。最近は、「インスタグラム」でお店を探す人が増えていますが、それも同様の現象だと思います。

個人の嗜好をふまえ、人と人との信頼関係をベースとしたお店探しができるということは、グルメサイトが誕生する以前から存在していた「本来のクチコミ」が、初めてインターネットで実現するということになります。

また、飲食店づくりのトレンドが幅広い顧客層をターゲットにした大箱から、ニッチな嗜好に特化した小規模のお店に移行していることをふまえても、**「無難なお店探し」から、「自分に合ったお店探し」へとお店選びの手法が変遷していくことは当然の流れとも言えるでしょう。**

お店側にとっても、このようなグルメサイトの潮目の変化は絶好の商機と言えるのではないでしょうか。

グルメサイト4・0はどうなる？

グルメサイトのこれまでの歴史を振り返ると、主役がおよそ10年ごとに入れ替わっていることに気づきます。**「グルメサイト10年周期説」**とでも名付けましょうか。

「ぐるなび」「ホットペッパー」が「グルメサイト1・0」（1990年代半ば～2000年代半ば）。

「食べログ」が「グルメサイト2・0」（2000年代半ば～2010年代半ば）。

そして「Retty」「ヒトサラ」が「グルメサイト3・0」（2010年代半ば～）。

次ページの図のように整理することができそうです。

（ただ、「Retty」「ヒトサラ」は根本的なサービスの構造は従来の1・0や2・0を踏襲している部分が大きく、グルメサイト2・5ととらえる向きもあります）


では、次の「グルメサイト4・0」は、どんなものになるのでしょうか。

私は、シェアリングエコノミーのアプローチが参考になると考えています。シェアリングエコノミーにはさまざまな定義がありますが、ヒト、モノ、場所、乗り物、

グルメサイトの歴史

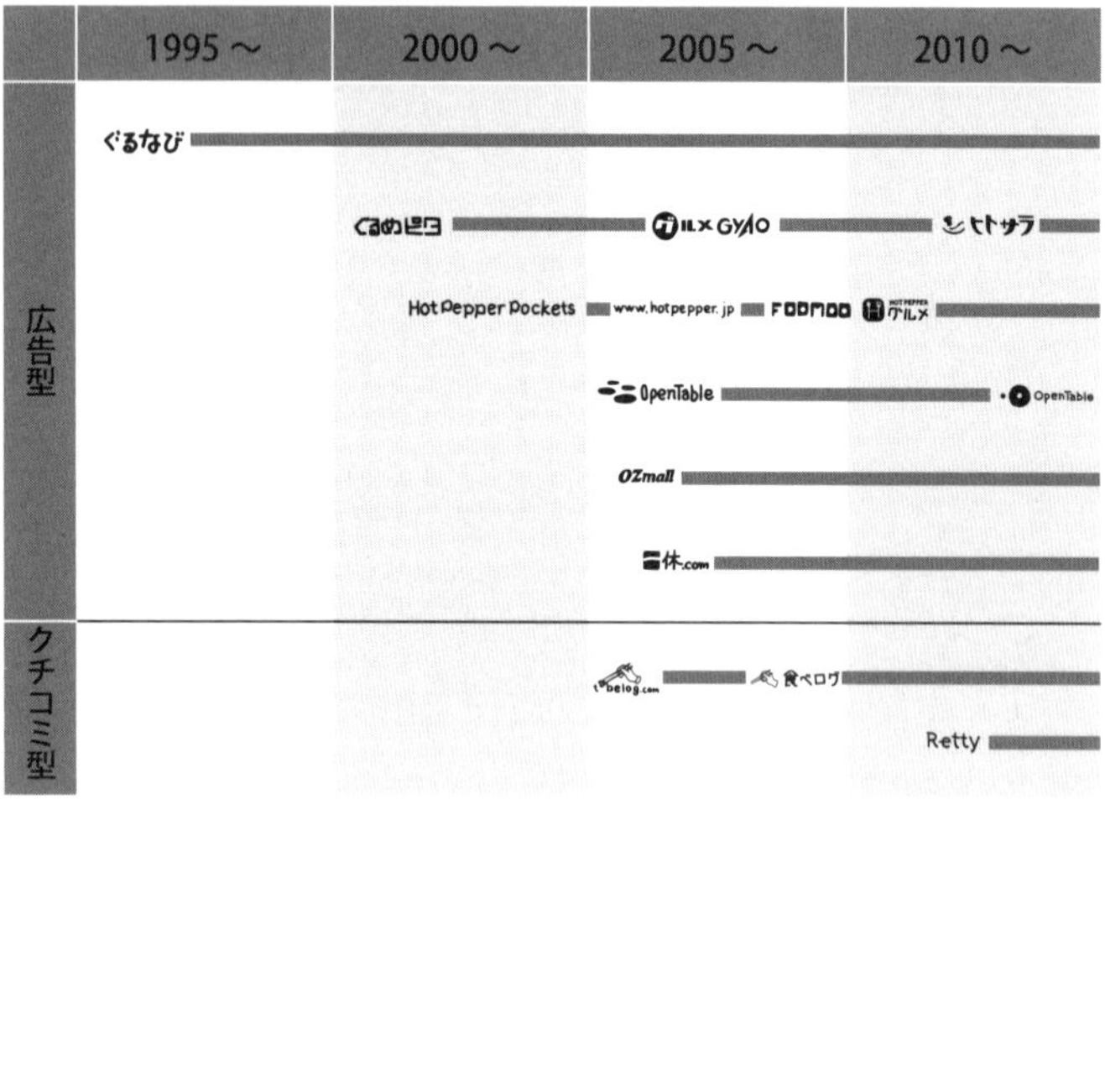

1995 ～
2000 ～
2005 ～
2010 ～
広告型
ぐるなび
Hot Pepper Pockets
www.hotpepper.jp
FOODOO
OpenTable
OZmall
クチコミ型
tabelog.com
食べログ
Retty

お金など、個人が所有するさまざまな資産の遊休分・余剰分と、それを利用したいと考える多くの人々のニーズとをマッチングさせるしくみだと考えたらよいでしょう。代表的な例としては、モビリティ（移動）のウーバーやLyft、宿泊におけるAirbnbなどがあります。

ニーズを抱えている人と、空いているリソースをマッチングさせる。その意味では、本来、レストラン探しとも非常に相性のいい考え方です。

たとえば、いま食事をしたいと思っている人がいるとします。一方で、空席を埋めたいと思っている飲食店があるとします。

本来であればこの両者を結びつけることができればお店もお客様もハッピーになれるはずなのですが、これまでは正確な空席情報がリアルタイムでデータ化されていなかったため、この両者を結びつけることができませんでした。お店はただじっとお客様を待つだけ。お客様は片っ端からお店に電話をかけて「席は空いていますか？」と調べるしかありません。

しかし、空席情報がリアルタイムにデータ化されてお店探しに利用できるようになれば、「いま目の前にあるこの空席と、その周辺でお店を探しているお客様を結びつける」というサービスが、オンラインで実現可能になるのです。そうなれば、空いているお店を探して街をさまよったり、電話をかけ続けたりする人はいなくなりますし、空席に悩む飲食店も少なくなるでしょう。

突発的なキャンセルで席が空いてしまった際にも、心強い味方になってくれそうです。

それがおそらく、次の「グルメサイト4・0」のひとつの形になると、私は予測しています。近年はグーグルマップでお店探しをする人が増えているという話もよく聞くようになりました。トレタでも「グーグルで予約」に参画してグーグルマップからの飲食店予約を実現しましたが、その利用数は私たちの期待以上に順調に伸びています。これもまさに、自分の現在地周辺のお店の中で、席の空いているところを探そうという流れに見事にマッチしています。「グルメサイト10年周期説」によれば、早ければ2020年から、遅くとも2025年までには、この流れが本格化する可能性が高いと言えるでしょう。

飲食店は悲惨なくらい潰れている

この章では、外食業界が置かれているシビアな現状を説明してきました。最後に駄目押しではないですが、ショッキングなデータをお伝えしましょう。2018年度の飲食店の倒産および休廃業に関する統計（帝国データバンク調べ）によると、合計が1180件に達し、東日本大震災が発生後の2011年度やリーマンショックのあった2008年度を上回り、2000年度以降最多を更新しました。このデータだけ見ても、本当にシビアな時代に突入しているなと実感します。

「自分は誰のために働いているのか？」

そんなことを考えることがあります。私は、トレタで「飲食店のため」に働いています。自分が尽くすべきはまずは飲食店であって、そこを訪れるお客様ではないと考えています。

それは「私たちは飲食店を信じている」という強い信念があるからこそです。なぜなら、**飲食店で働く人たちというのは、もし自分たちがハッピーになったなら、必ずお客様に還元しようとする、そういう人たちだと確信しているからです。**

その前提が正しければ、飲食店がハッピーになったら、必ずお客様もハッピーになるはず。だったら、まずは徹底的に飲食店にハッピーになってもらうために働こう。それがお客様に還元されてお店もお客様もハッピーになるなら、最終的には自分たち（トレタ）にも必ず何か見返りがあるだろう。そんなことを考えています。

以前、ある飲食店経営者の方に言われて、とても嬉しかったことがあります。

「どうして他社ではなく、トレタを選んでくれたんですか？」と聞いたら、こんな答えが返ってきたのです。

「中村さんは、飲食店のことを『僕ら』って言うでしょ。だから、中村さんのところだったら大丈夫だと思った」

自分では気づいていませんでしたが、かつて飲食店を経営していたからこそ、出てきた言葉だと思います。

たしかにいままでも、自分は飲食店サイドの人間だと思っています。外食業界に携わっている方たちは「あなた方」ではない。「僕ら」です。この気持ちは、これからも持ち続けていきたいと思います。

さて、第3章では、これから飲食店はどう変化していくのか、外食業界をどう変えていけばよいのか、具体的なビジョンをお話ししたいと思います。この業界の未来を、「僕ら」の手で明るいものにしていこうではありませんか。

第3章

勝ち抜ける飲食店の思考

「商品」「場」「人」——飲食店の3要素

第2章を読まれて、外食業界の置かれているシビアな状況を理解していただけたのではないでしょうか。

この章では、飲食店がこれから、どのように変わっていけばよいのか、どうすれば現状から脱出することができるのか、私なりの考えをお話ししていきたいと思います。

まずは、左の図をご覧ください。私は、あらゆる飲食店は次の三つの要素から成り立っていると考えています。

①商品
②場
③人

これまでの飲食店は、この三つが不可分の要素として絡み合い成立していました。

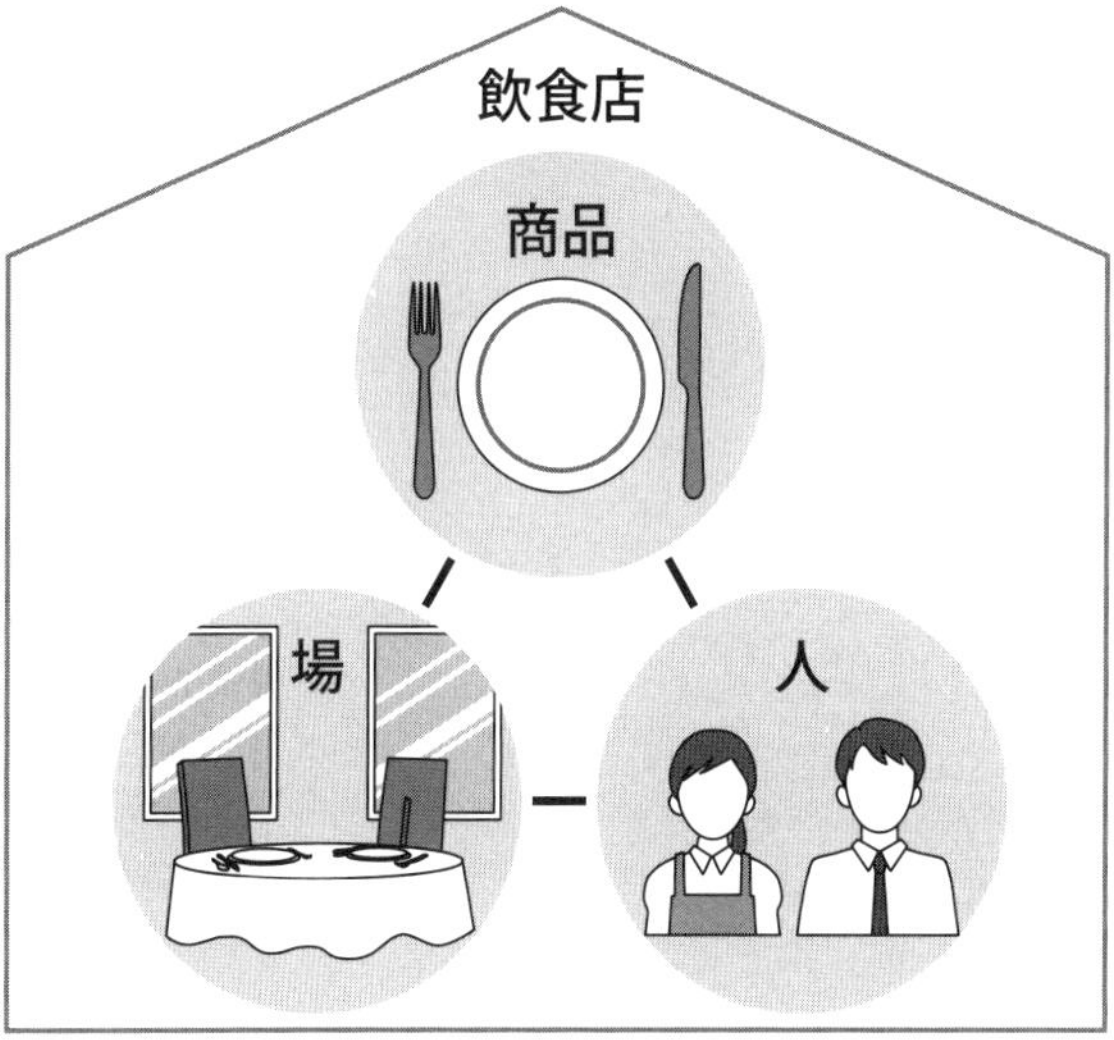
飲食店
商品
場
人

ところがテクノロジーによって、この三つがアンバンドル（解体）し始めているのが、現在の状況だと考えています。

たとえば、第1章で紹介したクラフトビール店は、三つの要素のうち「商品」と「場」だけに特化しています。美味しいビールという「商品」と、セルフサービスだけれども自由かつ楽しく過ごせるような「場」を求めて、お客様はこのお店を訪れます。

そして「人」は、いさぎよく捨てています。お店の人は、クレジットカードとICカードを交換するだけ。「人」の魅力でお客様を呼ぼうと思っていません。この割り切り方がポイントです（中国と米国の事情が似通っていると仮定すれば、顧客体験を損なうリスクのある「人」要素はむしろ排除したほうがよい、と考えた可能性もあります）。

取捨選択するのは、リソースが有限だからです。**すべてで平均点をとろうとすると、「とがり」がなくなり、つまらないお店になってしまいます。**

たとえば、「行列店」と呼ばれるようなラーメン店はどうでしょうか。たいてい「商品」のみを徹底的にとがらせています。「こだわりの一杯」を求めて、お客様はお店に訪れているのです。

実際、ラーメン店では、「場」には頓着していないケースが少なくありません。席の間隔は狭いし、おしゃれな内装でもありません。「人」についても、きめ細かい接客というより、味を守る頑固な大将が1人で回しているお店も多いです。

それでも「商品」の魅力が群を抜いていれば、十分に繁盛店として成功できるわけです。

「商品」「場」「人」といった三つの要素のうち、どこに価値を置き、どこで勝負をするのか？　このことを念頭にお店を設計することが、これからの飲食店には求められてくるでしょう。

これからの時代、「三つとも70点です」では勝つことができません。**平均点のぼんやりとしたコンセプトでは、数多《あまた》ある飲食店の中に埋没してしまいます。**残り二つは30点でかまわないので、ひとつは「１２０点」を目指すことが重要です。

「うちは味一本で勝負する」というお店があってもいいし、「うちは素晴らしい空間を提供しますよ」というお店があってもいい。「いや、うちはコミュニケーションでお客様に楽しんでもらいます」というお店があってもいいのです。

大事なのは、それぞれのお店が、どれを組み合わせて、どこで勝負するのかを徹底的に考え抜くこと。そこに正解はなく、すべては経営者の「世界観」に委ねられます。


「自分がこれからやりたいお店は、どこで勝負するのか？」

「この三つのうち、どこに投資するか？」

「逆に、何を割り切って捨てるのか？」

このフレームワークを使って、いま一度、考えてみてください。

一点突破で新しいビジネスが生まれる

①「商品」特化型サービス

ＩＴと飲食を組み合わせた新しいサービスが次々に登場して急成長しています。その多くは、いま紹介したフレームワークで説明することができると、私は考えています。

たとえば、いま話題の「ウーバーイーツ」は、完全に「商品」に特化して設計することで急速に成長しているサービスです。

ウーバーイーツは、ライドシェアとして大成功しているウーバーテクノロジーズ社が新たに展開するフードデリバリーサービスです。お客様は無料アプリから、人気店の料理を1品から注文することができ、支払いまで完結することができます。

これまでのデリバリーは、ピザ、寿司、ラーメンなどに限られていました。ところがウーバーイーツは、あらゆるお店の料理を家にいながらにして楽しむことができます。飲食店の「商品」だけに注目し、お店の美味しい料理をどこでも気楽に楽しめるようにする。それをアプリとデリバリーという手法で実現しています。

一方、「場」「人」については、いさぎよく捨てています。デリバリーですから、「場」（店舗）はそもそもありません。「人」（接客）についても、お店とは関係のない配達人から商品を受け取るだけです。

ウーバーイーツは、商品のみをこれまでの飲食店から切り離して食の楽しみや利便性を実現した、新しい形の飲食サービスであると言えます。

同様に「シェフの派遣サービス」も、「商品」特化型のサービスです。自宅やパーティー会場など、指定の場所にシェフが出張して、自分たちだけのために料理をつくってくれるサービスです。

有名なところでは、オプトインキュベート社の「プライムシェフ」やマイシェフ株式会社の「MyChef」、イグジラレート・インターナショナル社の「レンタル・シェフ」などがあります。

スマートフォンから簡単に利用できるようになったことに加え、シェフの側にも、いわゆる働き方改革や副業解禁といった社会的な追い風を受け、この2年ほどで一気に広まりつつあります。

三つの要素で考えると、「場」（店舗）はありません。「人」（接客）については、シェフがいるのでゼロではないものの、接客担当者がつくわけではありませんから、きわめて簡素と言えます。やはり、「商品」の魅力で全く新しい食の体験を実現しているサービスなのです。

ちょっとしたビルの空きスペースと、フードトラックをマッチングさせる「トランチ」というサービスも注目されています。こちらは「商品」に全く新しい「場」を組み合わせたサービスと言えるでしょう。

フードトラックというのは、街でよく見かけるようになった料理の移動販売車のこと。固定店舗を構えるより、初期費用が5分の1程度で済むという手軽さもあって、都市部を中心に増加しています。

問題はどこで販売するか、という点です。そこで、ビルの空きスペースに注目し、そこにフードトラックを出店することで、ランチを求めるオフィスワーカーと料理を販売したい人たちを結びつけるサービスを展開しているのが、「トランチ」というわけです。

ちなみに、いまどこに、どんなフードトラックがいるかわかるスマートフォン専用アプリも提供されています。

フードトラックの場合、「場」を「店舗」の外にある「ビルの空きスペース」に求めることで新たな可能性を見出しました。そして、「人」（接客）を簡素化し、「商品」をとがらせているのです。

このように、**どこかに固定のお店を構えないと飲食店はできない、という時代ではありません。むしろ今後、お店を所有することが時代遅れになり、「リスク」と考えられるようになるかもしれません。**

実際、米国や中国では「ゴーストレストラン」という新しいタイプの飲食店が続々と誕生しています。これはその名の通り、「実体」のない飲食店。実店舗を持たずに、デリバリー専門で設計され、運営されている店舗です。ゴーストレストランでは、一等地に店舗を構えるような大規模な初期投資は一切不要ですから、リスクを最小限にして気軽にスタートできるという意味で、これまでの飲食店の固定観念や限界を軽々と超えてしまっていると言えるでしょう。

②「場」特化型サービス

「場」に特化した新しいサービスも登場しています。

かつては、おしゃれなレストランで行なわれていた合コン、女子会。ところが最近は、東京タワーの見えるタワーマンションの一室などを借り、食事とお酒はそこに持ち込む、という楽しみ方が静かに広がっています。

部屋を借りることは難しくありません。民泊サービスを手がける「Airbnb」や、空いているスペースを貸し借りできる「スペースマーケット」など、スマートフォン一台で予約から支払いまで完結するサービスが多数、出てきています。

先ほどの三つの要素で考えると、「商品」（料理やお酒）はそもそも持ち込みなのでありません。「人」（従業員）もいません。「場」のみを提供するという、新しい飲食の姿がここにあると思います。

「場所を借りるだけのサービスが飲食店として定義されるの？」という違和感を覚える方もいるかもしれません。しかし考えてみてください。合コンや女子会などは、これまで飲食店にとって大切な市場だったのではないでしょうか。これらのニーズが、飲食店ではなくスペースマーケットに流れているのだとしたら、**これからの飲食店はこういった全く新しいサービスとの競争も意識せざるをえない状況になっているのです。**

コンビニエンスストア店内に設置されたイートインスペースも、「場」特化型のサービスです。

最近、イートインスペースが拡充されていることにお気づきでしょうか？　購入した弁当やサンドイッチなどをその場で食べることができ、中食の新しいニーズをとらえています。

お店によってはコンセントや無線ＬＡＮもあるので、カフェのような使い方をする人も多いようです。

イートインスペースは、「商品」はコンビニエンスストアからの持ち込み、「人」については完全にセルフサービスです。「場」だけを貸しているサービスと考えることができます。これまでの飲食店では「お１人さま」はまだまだハードルが高い。

しかし家で1人でお弁当を食べるのもわびしい。そういう、これまでの飲食店では吸収しきれなかったニーズが、コンビニのイートインによって顕在化され、満たされているのです。

③「人」特化型サービス

最後に、「人」に特化したサービスとして「キッチハイク」というアプリがあります。

キャッチコピーは「食べるのが好き!で集まろう」。スマートフォンの無料アプリで、気軽に食事会に参加したり、自分で主催したりすることができます。新しい出会いを求めている人には、ぴったりのサービスです。たとえば、外食が趣味の人がいるとします。最近話題のフレンチに行ってみたいけれど、価格を考えるとおいそれと周りの友人や同僚を誘いづらい。かといって1人で行くのも気が引ける。そんなケースは少なくないのではないでしょうか。こういうとき、まさに同じ趣味を持つ同好の士とつながることができたら、その人たちと気兼ねなくお店で楽しめるというわけです。

また、自分の手料理をふるまいたい人と、それを楽しみたい人をマッチングするサービスも行なっています。一見、先ほどの「シェフの派遣サービス」と似ていますが、こちらはあくまで「人と人とをつなげる」ことを目的としています。「商品」も「場」も、事業者からは提供しません。まさに「人」だけに徹底的に絞ったサービスと言えるでしょう。

組み合わせしだいでさまざまなアイデアが出てくるのが、このフレームワークの面白いところです。

飲食業界からは出てこないプレミアム野外レストラン

もうひとつ、新しい形の飲食店を紹介しましょう。

一回の食事が15万~20万円という高額ながら、即時完売する「ダイニングアウト」というレストランがあります。いや、正確には、レストランとは言えないかもしれません。数日間限定で、大自然の中でオープンするゲリラ的な野外レストランで、期間が終了したら解体され、消えてなくなってしまうのです。

この「ダイニングアウト」を発案したのは、外食業界での経験を持たない生粋の広告マン、大類知樹《おおるいともき》氏です。

コンセプトは、世界で注目される料理人、時代を代表するクリエイターを招き、五感すべてで土地の豊かさを味わい、新しい日本の楽しみ方を提供すること。選ばれた料理人は、その土地に何度も足を運び、地域への理解や共感を深めたうえでオリジナルの料理を開発するそうです。

サービススタッフも現地の人たちを起用します。外食経験に関係なく、その土地で生まれ育ち、その土地の文化を知り、そして愛している人たちが、日本中・世界中から集まるゲストをもてなすのです。

これまで「ダイニングアウト」が開かれたのは、石垣島、尾道、宮崎、ニセコ、鳥取、沖縄、青森など。何もない自然の中で、一からレストランをつくるため、ときにはこのためだけに水道を敷設することもあるそうです。

常設の店舗には真似のできない、そのとき、その場でしか得られない体験を味わうことができます。15万~20万円という1回分の外食の費用としては規格外に高額ながら、毎回瞬時に売り切れてしまうと言います。

私から見た「ダイニングアウト」のすごさは、これまでのレストランの常識や文脈を、軽々と飛び越えている点です。それは大類さんが、異業種の人だからこそ発想できたのだと思っています。

外食業界では、ひとたび、店舗を構えたら、そこで10年、20年と商売を続けるのが常識とされてきました。10年後も続いているお店は、わずか5%と言われる業界で、「長く続けること」こそが経営者にとってひとつの成功の形でもあります。

ところが「ダイニングアウト」は、ひとつの場所で長く営業を続けるという前提を、初めから放棄しています。これだけをとっても、いかに「ダイニングアウト」が常識破りか、外食業界の人ならわかっていただけると思います。

価格設定もさらなる驚きです。従来の飲食店経営者の感覚では、1人当たり15万〜20万円という価格設定は、そもそも選択肢としてありえません。発想すら及ばないのではないでしょうか。

先ほどのフレームワークに当てはめてみると、「ダイニングアウト」はやや特殊です。「商品」「場」「人」をいったんアンバンドルして、それぞれの概念を引っくり返したうえで、もう一度まとめているという印象を受けます。

「場」→特徴のある地方を選ぶ。大自然の中に突然現れて、突然消える、期間限定の場にする。

「人」→サービスのプロを雇用するのではなく、プロジェクトとして地元の人たちを巻き込み、彼らが土地への愛を持って素朴にもてなす。

「商品」→その土地の歴史や文化を感じさせるオリジナリティを開発し、お店の解体とともに消えてなくなる。

要素をバラバラにし「土地の文化」と「特別な体験」という文脈から、解釈をし直して、それぞれに魅力を再構成する、非常に面白いアプローチだと思いました。

生粋の広告マン、大類さんの発想力はさすがだと思います。ただ、本来であれば、この発想が外食業界の中から出てきてほしかった。外食業界に身を置く私としては、そんなふうに思ってしまいます。

外食の外側へアウトサイダーとして飛び出せ

お気づきのように、ここまで挙げた新しい形の飲食店、飲食サービスは、そのほとんどが「業界のアウトサイダー」による発想です。「ウーバーイーツ」も、「シェフの派遣サービス」も、そして「ダイニングアウト」も、外食業界の中から出てきたものではありません。

業界にどっぷり浸かった私たちが現状に四苦八苦している間に、外部のいわば「素人」が、次々と参入してきている。悔しいですが、私たちにこうした発想をするのは無理なのでしょうか。

私はそうは思っていません。かつてはマクドナルドも、すかいらーくも、吉野家も、米国で開発されたPOSをただちに導入したり、フランチャイズという新たな商売のしくみをつくったり、革命的な発想をしてきた歴史があります。私たちにできないはずがないのです。

外食という領域があるとして、アウトサイダーは次ページの図のように隣接領域から入ってきます。そして少しずつ外食産業の領域を削られているのが、残念ながらいまの状況です。ようするに、市場を奪われているわけです。

しかし発想を変えて、「自分たちが隣接領域に打って出る」と考えたらどうでしょうか。

見方を変えれば、外食という領域を広げていくことができるのです。外食という産業が、いままで以上に大きなマーケットへと生まれ変わる可能性があります。

拡張か、侵食か？

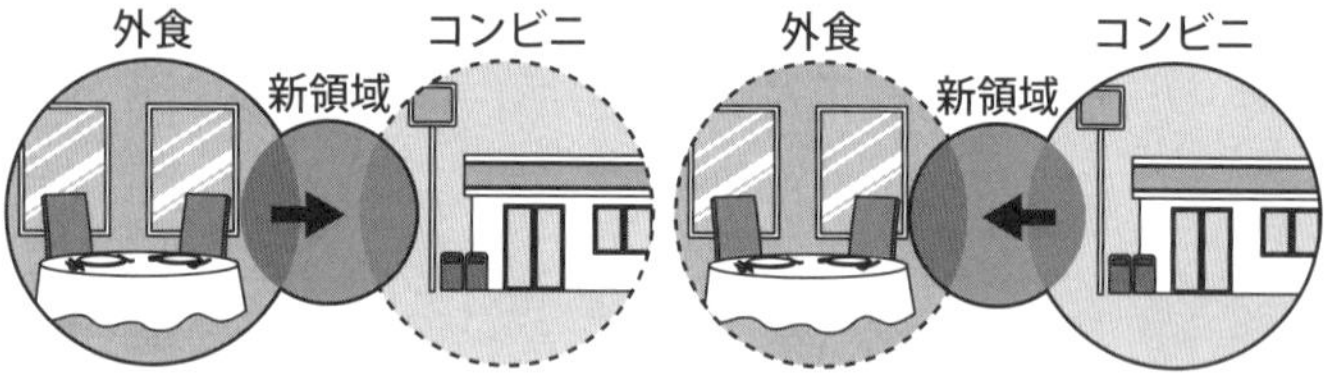

このまま中に閉じこもって、業界の内側でマーケットが削られていくのを黙って見ているのか。それともチャンスととらえて、外へ拡大していくのか。まさに運命の分かれ目です。

外食産業の市場規模は、1997年をピークに縮小を続けており、上昇に転じる兆しはないとお伝えしました。しかし私は、外食業界で働く人たちがいまを外食の領域を拡張するチャンスととらえて行動すれば、市場規模がふたたび拡大に転じる可能性は十分にあると思います。

私自身もまた、かつては「アウトサイダー」でした。何の経験もないまま、外食業界に飛び込んだのです。ですからアウトサイダー、インサイダーの両方の気持ちがわかります。

そんな**私が外食業界の人たちにお伝えしたいのは、「反対されてナンボ」ということです。**

「みんなが賛成することはたいがい失敗し、みんなが反対することはたいてい成功する」

これは、セブン‐イレブン・ジャパン代表取締役社長、イトーヨーカ堂代表取締役社長などを歴任した、鈴木敏文さんの言葉です。私も全く同感です。経験上、反対意見があるほどうまくいくという確信を持っています。

たとえば、私が和風スタンディングバー「壌」を開こうと言い出したとき（立ち飲みブームが訪れる前の2003年頃）は、「イスのない店にお客様なんて来るはずがない」と言われましたし、インテリアに最高級の素材や建具を使ったときは、「たかが立ち飲み屋に、そんなにお金をかけるなんて頭がおかしい」と言われました。

高級とんかつ店「豚組」を開こうとしたときも、「そんなに高い値段のとんかつなんて誰が食べるんだ」と言われました。ところがいざふたを開けてみると、「壌」も「豚組」も繁盛店になったのです。

もちろん、すべての反対意見を無視しろとは言いません。聞く価値のある意見もたくさんあります。ただ経験上、意見を聞きすぎると失敗します。聞けば聞くほど影響され、結果的に無難な、面白みのないアイデアに終わってしまうことが多いのです。

ましてや業界のあり様が一変しようという時代です。リスクをとらないことこそが最大のリスクになる。そういう認識を持って頂きたいと思います。

商品で勝負するのは覚悟が必要

「商品」「場」「人」どこで勝負をするかは自由です。それぞれの経営者の判断に委ねられます。

ただし、「商品」だけで勝つのは難しい時代だということは、理解しておくべきでしょう。いまの飲食店は、どんなお店もそこそこ美味しい。過去30年にわたって業態開発にしのぎを削ってきた外食業界です。どんどんブラッシュアップが進み、いまでは「まずいお店」を探すことのほうが困難になっています。だからこそ、単なる美味しさだけではない価値が必要なのです。

たとえば、「希少性」や「物語」も商品を構成する大事な要素です。とびきり美味しくて、かつ希少性があって初めて勝負になるのです。

馬肉専門店「ローストホース」で扱っている馬肉は、本場熊本でも食べられない、選りすぐったものを特別に仕入れているとうかがいました。これはオーナー・平山氏の長年にわたる馬肉へのこだわりと情報があってこその圧倒的なクオリティなのです。

また、浅草にある「鷹匠《たかじょう》 壽《ことぶき》」というお店は、200人以上の猟師さんと契約していますが、一日に10羽しか手に入らないという貴重な野生のカモを食べることができます。それを一枚、一枚、250年以上使われている特別な鉄板で焼いてくれるそうです。

さらに神保町のマグロ専門店「鮪《まぐろ》のシマハラ」の店主の島原慶将さんは、中国・上海でマグロの専門店を20年近く経営していた方で、最盛期には計17店舗、年商20億円を挙げていたそうです。

そんな店主が、満を持して日本に帰国し、本当に美味しく、かつリーズナブルなマグロ料理を出してくれるのが「鮪のシマハラ」です。マグロに人生を懸けているからこそそのクオリティと、コストパフォーマンス。圧倒的に突き抜けています。

これらのお店くらいのレベルでないと、商品のみで戦うのは厳しいというわけです。

一方、比較的、**誰でも勝ちやすいのは、「場」と「人」です。この二つのどちらかを軸にするのが、商売としては勝ち筋を見つけやすいかもしれません。**

たとえば近年、外食関係者の間で再評価が進んでいるのが「スナック」です。スナックは、「人」のみに特化した飲食店の代表的存在です。

スナックがすごいなと思うのは、削るべきところを、とことん削っている点です。まず、「商品」。スナックで提供する商品は、基本的にお酒だけです。食事がしたいと言うと出てくるのは「出前」のメニュー。もはや、商品で戦おうというスタンスは全く持ち合わせていません。

「場」も、たいていのスナックは古く、狭く、空間そのものに洗練された魅力があるわけではありません。

それなのに、お客様が足しげくスナックに通うのは、ママという「人」の魅力です。お客様は、とにかくママと話したくてお店に来るのです。ママの魅力のみを、極端にとがらせています。

堀江貴文さんは、私が実行委員長を務める外食産業の未来を考えるカンファレンス「ＦＯＯＤＩＴ ＴＯＫＹＯ」（フーディット・トーキョー）に登壇した際、こんなことをおっしゃっていました。

「飲食の究極の形って何だと思いますか？　僕が辿り着いた結論は、『スナック』なんですよ」

私も同感です。スナックこそ、最強の飲食店と言ってよいかもしれません。

ＬＴＶ（ライフタイムバリュー）という考え方をご存じでしょうか。日本語に訳すと「顧客生涯価値」。１人のお客様が生涯にわたってお店にもたらす、トータルの利益のことを指します。

場末の古びたスナックがなぜか潰れないのは、まさにこのＬＴＶを最大化しているからです。

新規客を10人集め、５０００円×10人＝５万円を得るより、１人のお客様に10回来店してもらって、５０００円×10回＝５万円を得るほうがはるかに効率的です。しかも、長期にわたる安定した収益が見込めます。

これからの時代をサバイバルできるのは、「売れる商品をつくることのできるお店」ではありません。**「お客様が深く共感し、長期的な関係性を築くことができるお店」です。**常連さんに愛され、支えられている、スナックのようなお店です。

１回きりの来店でいくら使ってもらえるかという短絡的な「点」ではなく、生涯にわたってトータル何回来店してもらえるかという「線」でとらえる発想がカギになります。

「商品」の時代から「関係」の時代へ

これまでの外食業界における「業態開発」では、飲食店の目線で店づくりをすることが当たり前でした。

どこにお店を出店するか、お店のインテリアはどうするか、どんな料理をいくらで提供するか……。あらゆることが、お店の目線で考えられていました。主語が「お店」だったのです。

こうした店づくりは、ＰＯＳ革命から今日にいたるまで、常識とされていて、日本の外食産業は、業態開発の進化によって発展をとげてきたわけです。

しかし、業態開発は「差別化の戦い」でもあります。つねに新しいもの、珍しいものを追いかけ、まるで打ち上げ花火のようにお店を出店する。ブームをつくり出し、一気にお客様を集め、一気に回収する。そして、飽きられてきたと思ったらすぐに撤退する。

過去を振り返れば、「モツ鍋」「ジンギスカン」「パンケーキ」ブームなどを思い出す人も多いでしょう。最近では、「ステーキ」や「タピオカミルクティー」なども その典型と言えそうです。

しかし近年、業態の差別化、ニッチ化がどんどん進み、どん詰まりの状況にあります。差別化やニッチ化は、顧客セグメントを細かくしていくこととイコールです。**お店づくりはどんどん先鋭化していき、結果として顧客のボリュームは小さくなっていきます。**

昔は「外食したい」というニーズを抱える、幅広いお客様向けにお店づくりをすればよかった。しかしいまでは、「グラスフェッド（牧草飼育）のオーストラリア産和牛の赤身肉を、厳選された日本酒と合わせて楽しむ」などといった、先鋭化した食のニーズに応えるお店づくりが求められる時代です。

結果として、お店の規模はどんどん小さくなっていきました。昔は100坪、200坪の繁盛店も珍しくありませんでしたが、いまの繁盛店は5坪、10坪の小粒なお店ばかりになってしまいました。

お店側からすれば、差別化しようにも、これ以上の細分化、ニッチ化は不可能な状況です。つまり、業態開発を突き詰めていった結果、「商品の時代」が行き詰まりを迎えているのです。

お店目線で差別化をくり返すだけでは、もはや未来はありません。そこでいま、「商品の時代」から「関係の時代」へと大きな転換が起ころうとしています。「商品の時代」と「関係の時代」の決定的な違いは、主役がお店からお客様に代わるということです。あらゆることを、お客様の目線で考えることが求められます。

そのお客様はどんな人たちなのか。どのようにして、自分たちのお店を見つけるのか。お店に来たらどんな体験をしてほしいのか。どんな世界観、物語を求めているのか。お客様とお店はどんなことで共感を深め、どのようにして永続的な関係を築くのか……。

つねにお客様の目線で、顧客体験を中心に置いてお店をつくっていくこと。そして、時間をかけてお客様との関係性を築いていくこと。これからの時代の飲食店に求められるのは、こうしたお客様を中心とした考え方なのです。

時代が変われば、テクノロジーのあり方も変わってきます。

いままでの飲食店においては、ＰＯＳがオペレーションの中心であり、経営の中心でした。なぜなら、お店づくりにおける主役は商品であり、その商品を含む「業態開発」こそが飲食店づくりそのものだったからです。しかし、「関係の時代」が訪れる前提でとらえ直すと、ＰＯＳを中心とした世界観は変わっていかざるをえなくなります。

これからのお店の中心は、「商品」ではなく「お客様」です。となると、業務ツールも商品の売り上げ管理から顧客の管理に移行していかなければなりません。お客様中心のお店づくりをするために、テクノロジーをどう活用するべきか、という発想が必要になってきます。

ＰＯＳを核としたお店中心・商品中心のお店づくりから脱却し、お客様中心に設計し直すとしたら、業務ツールの再発明を避けては通れないでしょう。

それは業務ツールをつくり、提供する私たちのような会社だけが考えて実現できることではありません。ツールを使う飲食店で働く人たちも、どのようにテクノロ

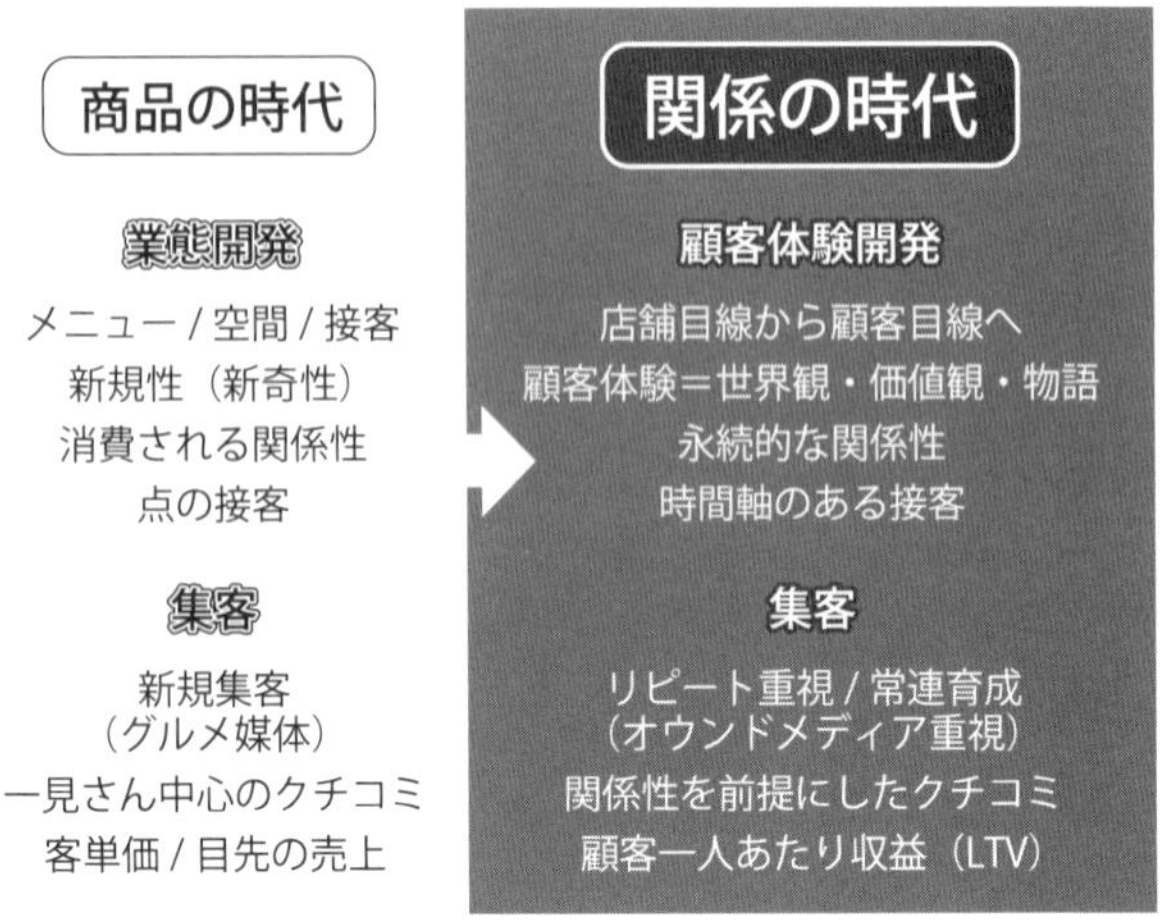
商品の時代
業態開発
メニュー / 空間 / 接客
新規性（新奇性）
消費される関係性
点の接客
集客
新規集客
（グルメ媒体）
一見さん中心のクチコミ
客単価 / 目先の売上
関係の時代
顧客体験開発
店舗目線から顧客目線へ
顧客体験＝世界観・価値観・物語
永続的な関係性
時間軸のある接客
集客
リピート重視 / 常連育成
（オウンドメディア重視）
関係性を前提にしたクチコミ
顧客一人あたり収益（LTV）

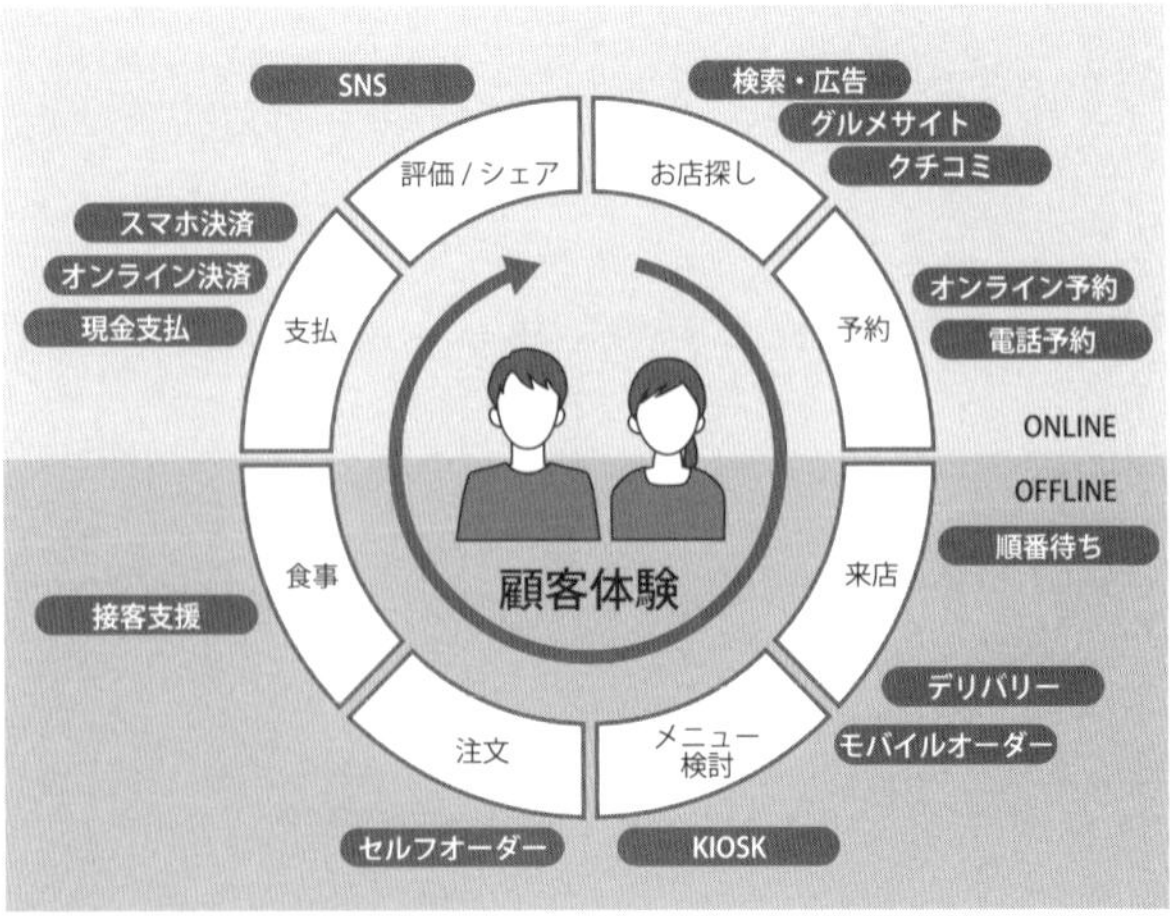
SNS
評価 / シェア
検索・広告
グルメサイト
クチコミ
お店探し
スマホ決済
オンライン決済
現金支払
支払
予約
オンライン予約
電話予約
ONLINE
OFFLINE
順番待ち
来店
食事
接客支援
顧客体験
デリバリー
モバイルオーダー
メニュー
検討
注文
セルフオーダー
KIOSK

ジーを使って業務をつくり替えていくか、どのようにテクノロジーを使えばお客様中心のお店になるか、右図のようにしっかり考える必要があります。

お客様が中心なのであれば、当然、顧客データは不可欠です。「関係の時代」だからこそ顧客データを蓄積し、それを中心に置いて、ゼロベースでお店のあり方を考えていくべきでしょう。

いま、皆さんのお店では、どれだけの顧客データを蓄積できているでしょうか？

この「関係の時代」において、もっとも重要なのはお店と永続的な関係を築いてくれる「常連さん」を獲得することです。来店されるお客様との関係を深め、「常連さん」になってもらうには、どうすればよいのでしょうか。

次章では、飲食店の未来を大きく左右する、「常連づくり」についてお話ししたいと思います。

第4章

常連客を武器に繁盛店をつくる戦略

繁盛店づくりは、常連客づくり

皆さんは「パレートの法則」をご存じでしょうか。

「上位20％の顧客が、売り上げの80％をもたらす」という法則です。

スナックで言うなら、ママを慕って足しげく通う、上位20％の常連さんが80％の売り上げをもたらしており、下位80％の一見さんが20％の売り上げをもたらしている、ということになります。

つまり、繁盛店をつくるなら、新規のお客様を追いかけるよりも、いかに常連客を増やしていくかに投資したほうがはるかに効率がよいということになります。

私が常連づくりの大切さを改めて感じたのは、2011年に発生した東日本大震災のときでした。当時、日本中が自粛ムードに包まれ、街の飲食店の多くは閑古鳥が鳴き、閉店・倒産を余儀なくされるお店が続出したのです。

しかし、そんな苦境の中でも、不思議と賑わっているお店がありました。たとえば焼き鳥チェーンの「鳥貴族」です。「鳥貴族」は、熱狂的な固定ファンが多くついており、全国で自粛ムードが吹き荒れたそのときに「鳥貴族を支えよう！」という顧客が押し寄せ、結果として売り上げが落ちなかったと言います。

新規客中心ではなく、根強い固定ファン、常連さんを中心にしたお店はこんなにも苦境に強いのかと実感しました。

ところが、日本のほとんどの飲食店は、新規客中心のビジネスモデルになってしまっています。下位80％の一見さんに頼ってしまっているのです。こうなってしまった原因としては、第2章でお伝えしたように、グルメサイトの影響と消費者の外食行動の変化も否定できないでしょう。

新規客中心のビジネスモデルは、外的変化にきわめて脆い特性があります。その極端な例が「観光地の飲食店」です。観光地の飲食店は、その観光地自体に大きな魅力がある限り、特段の経営努力をせずともそれなりに繁盛することができます。しかしひとたび観光地がその魅力を失うと、観光地と一緒に共倒れしてしまうという脆さを持っています。

市場の縮小、人手不足、少子高齢化など、外的環境の悪化が全国的に進行中のいま、飲食店がサバイバルするには、外的環境に依存したお店づくりはきわめて危険です。安定した常連さんを持ち、突発的な事態の中にあってても支えてもらえるようなお店づくりをすることが不可欠なのです。

繁盛店づくりのために常連客を増やせなんて、そんなの当たり前じゃないか、と思った人もいるでしょう。たしかに、目新しさのない、普遍的な法則であることは間違いありません。

しかし、いろいろな飲食店やコンサル、ＩＴ企業が試行錯誤をくり返した結果として、これより効果的な繁盛店づくりの方法は、現時点では存在しないというのもまた事実なのです。

次の図は、トレタの会社のデータベースに蓄積されている、約1万店舗、400万件の予約情報をもとに作成したものです。成功している飲食店には、リピーターが多いという事実がわかるでしょう。これまでトレタではありとあらゆる飲食店のデータを調べてきましたが、繁盛度と常連比率は確実に比例しています。繁盛が常連によってもたらされることは、データにも裏づけられた真実なのです。

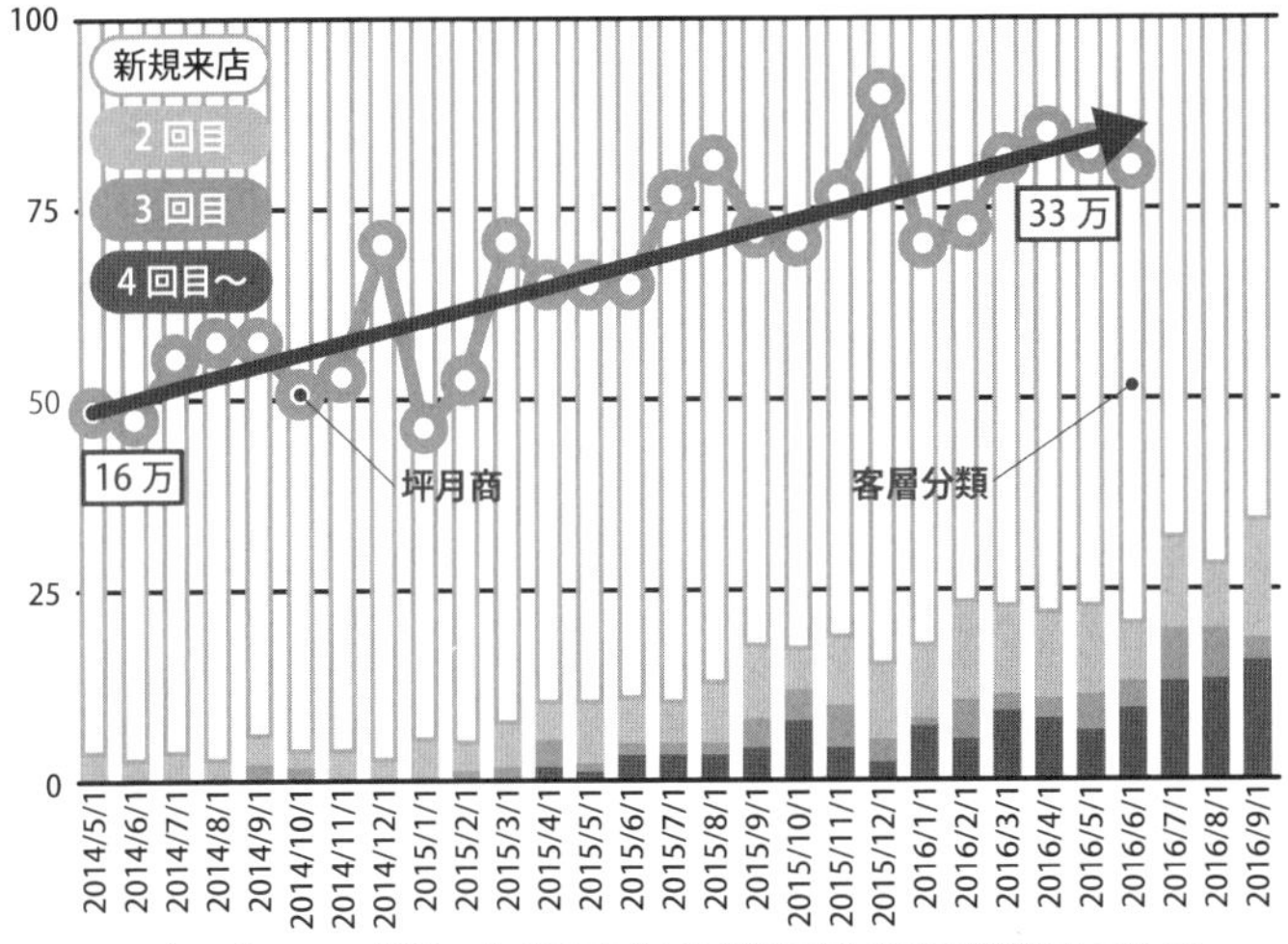

リピーターの増加と坪月商の増加は相関関係にある

また次の図は、リピーターと繁盛の関係性を理解するために、繁盛店が生まれるプロセスをグラフで模式化したものです（客数の伸びの構造）。

さまざまなプロモーション手段は存在するものの、実際のところ新規顧客の数というのは、それほど増減しません。しかし**新規のお客様の数は変わらなくても、リピーターの積み重ねによって売り上げが上がっていくことがわかります。**

このグラフのように、常連客を着実に増やしていくしくみがつくり上げられれば、むやみに新規客を集めなくても、お店は繁盛し続けることができるのです。

常連づくりの4つのルール

では、どうすれば常連客を集めることができるのでしょうか？

ひとつ覚悟していただきたいのは、常連客をつくることには一定の時間がかかるということです。当たり前ですが、新規のお客様が時間をかけて何度もお店に通ってくださった結果、初めて常連と呼べる存在になるわけです。

客数の伸びの構造

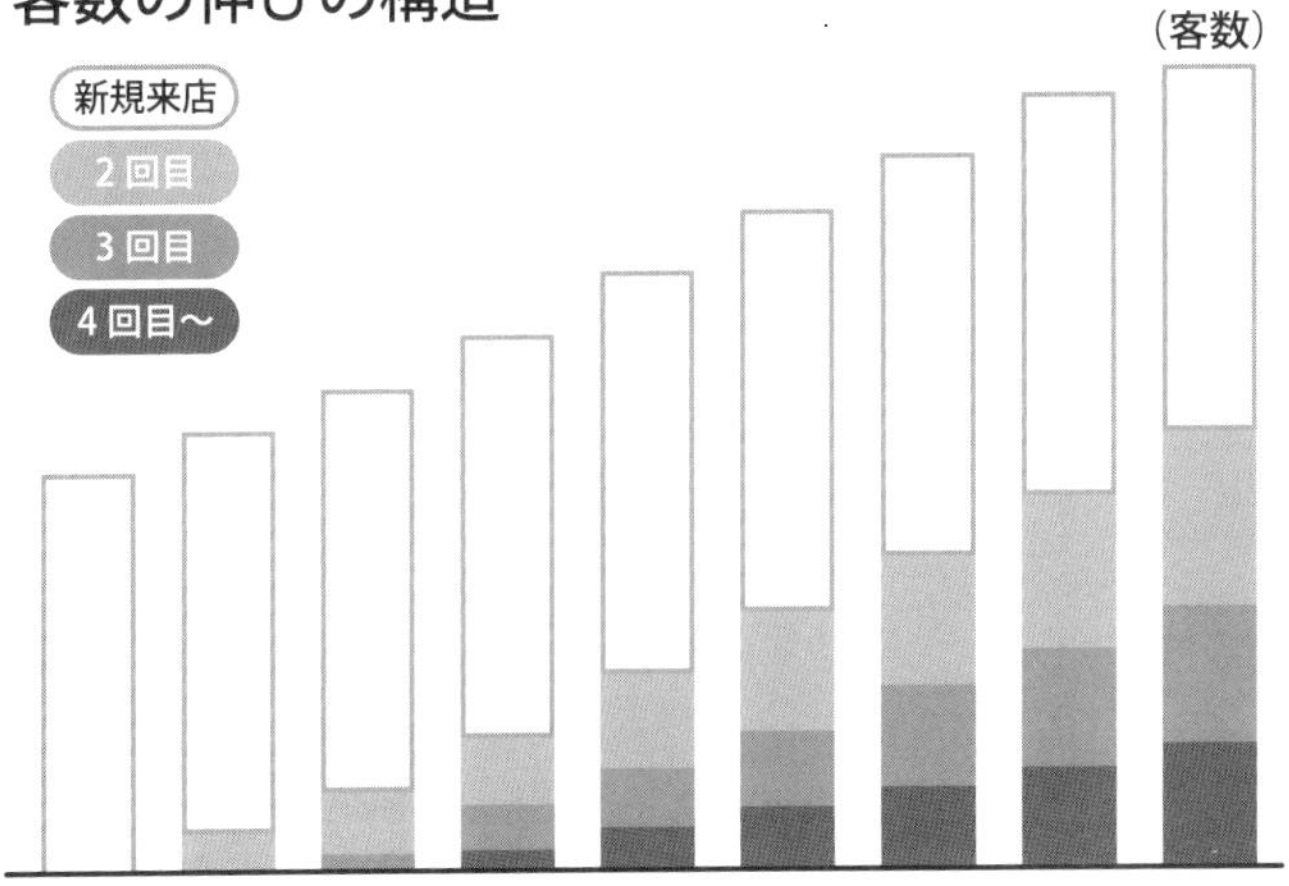

繁盛とはリピーターが根雪のように積み重なっている状態

クーポンをばらまくなどして新規客を集めるやり方は、たしかに即効性があります。やれば翌日に結果にはね返ってくる。しかし、そんな集客が長く続かないことは、これまで述べてきたとおりです。

焦らず、長い目で取り組むことが大事なのは昔もいまも変わりません。しかし昔と比べて大きく進化しているのは、**ＩＴを活用することで「常連予備軍」を可視化し、発見できるようになっていることです。**ＩＴを活用することによって、常連化の取り組みがより確実に、そして効果的に実施できるようになりました。これにより、アナログ時代に比べるとはるかに短期間で繁盛店をつくることができるようになりました。

次にお伝えする「常連づくりのルール」は、株式会社トレタが1万店を超えるお店から収集したビッグデータをもとにしています。皆さんのお店に常連客を集める、ひとつの足がかりにしていただければと思います。

常連づくりルール① ８割の売り上げは、上位２割の顧客からもたらされる

これは先ほどお話しした「パレートの法則」のことです。売り上げの8割はリピーターが占めており、新規客は2割にしかなりません。新規客を獲得するためのマーケティングに予算をかけるより、常連客を増やすことのほうが断然、効率よく売り上げが伸びることを実証している法則です。

常連づくりルール② 2回目、3回目のお客様が勝負を決める

次ページのグラフは、私たちがトレタ社内で「常連化曲線」と呼んでいるものです。来店回数ごとにそのお客様がどのくらい再来店するかをデータで検証していくと、来店回数が増えるごとに、再来店率が美しい曲線を描いて上昇することがよくわかります。これは「来店回数が多いほど常連化している」という、当たり前すぎることをデータで表現しているのですが、注目すべきはその再来店率がどのように上昇しているか、です。

新規のお客様の場合、再来店率は10%、100人中10人にすぎません。つまり新

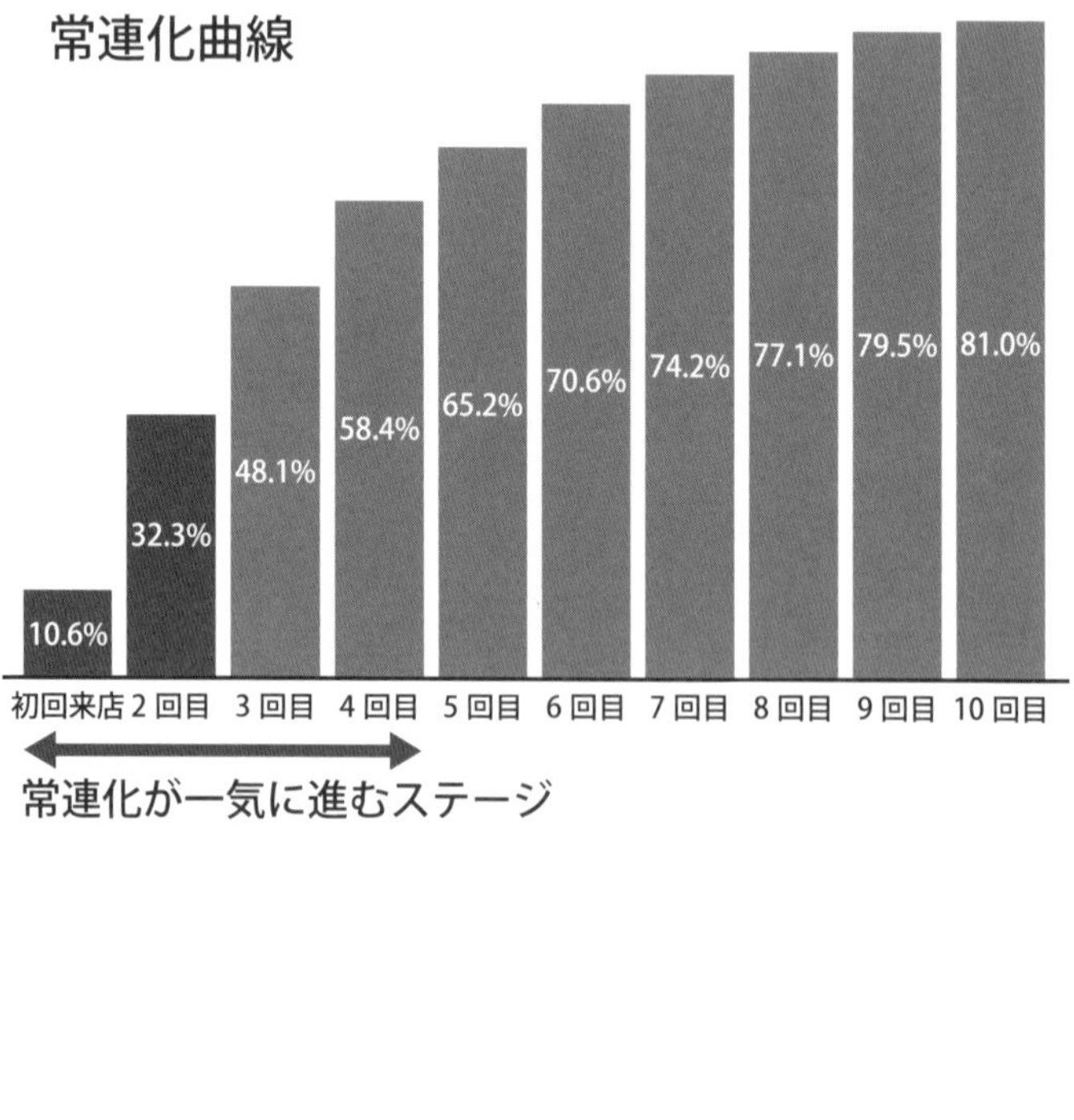
常連化曲線
10.6%
32.3%
48.1%
58.4%
65.2%
70.6%
74.2%
77.1%
79.5%
81.0%
初回来店
2 回目
3 回目
4 回目
5 回目
6 回目
7 回目
8 回目
9 回目
10 回目
常連化が一気に進むステージ

規顧客を100人集客できたとしても、そのうちの90人は「二度と来店しない」というわけです。新規集客だけに頼った販促がいかに効率が悪いかがよくわかります。それが来店2回目のお客様で見ると約30%まで高まり、3回目では約50%、4回目では約60%と、リピート率がどんどん高まっていきます。

注目していただきたいポイントは、再来店率は来店3~4回目くらいまでは急激に上昇し、それ以降の上昇は緩やかになっていることです。これはつまり、「常連づくりは来店3~4回目くらいまでの短期決戦である」事実を意味しています。つまり常連さんを増やしたければ、来店2回目から4回目くらいのお客様を正確に発見し、彼らの心をしっかりと摑むことがもっとも効果的なのです。

ちなみに10回目になると、80%を超えるお客様が再来店してくれるようになります。ここまで来れば、間違いなく「常連さん」と言ってよいでしょう。8割の売り上げに貢献してくれるだけでなく、彼らは「新しい常連予備軍」を連れてきてくれる、お店にとってもっとも大切な財産とも言える顧客層になります。

常連づくりルール③　来店数が増えるとともに、来店間隔が短くなる

来店数が増えるほど、来店間隔が短くなるというデータもあります。

2回、3回の来店で終わってしまうお客様の来店間隔は、22週から25週。約半年に一度です。

それに対して、10回以上のお客様は、6週から7週。つまり、1か月半から2か月弱に一度のペースで来店されるということです。

私自身そうですが、たしかによく行くお店には、1か月に一度くらいの頻度で足を運びます。2か月行っていないと、「そういえば最近、あの店に行っていないな」という感覚になります。


このようなデータから導き出されるのは、再来店率が高まり始める2回目、3回目の壁をいかにクリアするかがポイントになるということです。

そのためには、予約管理システムなどを取り入れて、**2回目、3回目のお客様を可視化すること。そして、可視化された2回目、3回目のお客様に対し、より効果的なサービスを提供することです。**

こうした日々の地道な積み重ねが、常連客を増やすことにつながります。

常連づくりルール④ 「人間にしか提供できない価値」を最大化する

常連客を増やすには、まさにこれまでに語ってきた「関係の時代」であることに留意して、「人間にしか提供できない価値」にリソースを集中させることが大切です。では、具体的に何をすればよいのでしょうか。

そのヒントがお客様に「常連扱いされたと思った理由」を回答してもらったアンケートにあります（次ページ参照・316名回答）。

このアンケートから、お客様が求めているのは「関係性」であり「居場所」だということが見えてきます。なにも金銭的に得をしたいわけではない。飲食店スタッフや経営者との親密な関係こそが、お客様の喜びであり価値になるのです。

お客様を喜ばせるためのマニュアル的なことは、きりがないのでここではあえてお伝えしません。お店にはさまざまなポリシーがあり、どのようなやり方がもっともお客様との関係性を深めることにつながるかは、それぞれのお店の世界観や発想力にお任せします。

関係の時代の繁盛店づくり

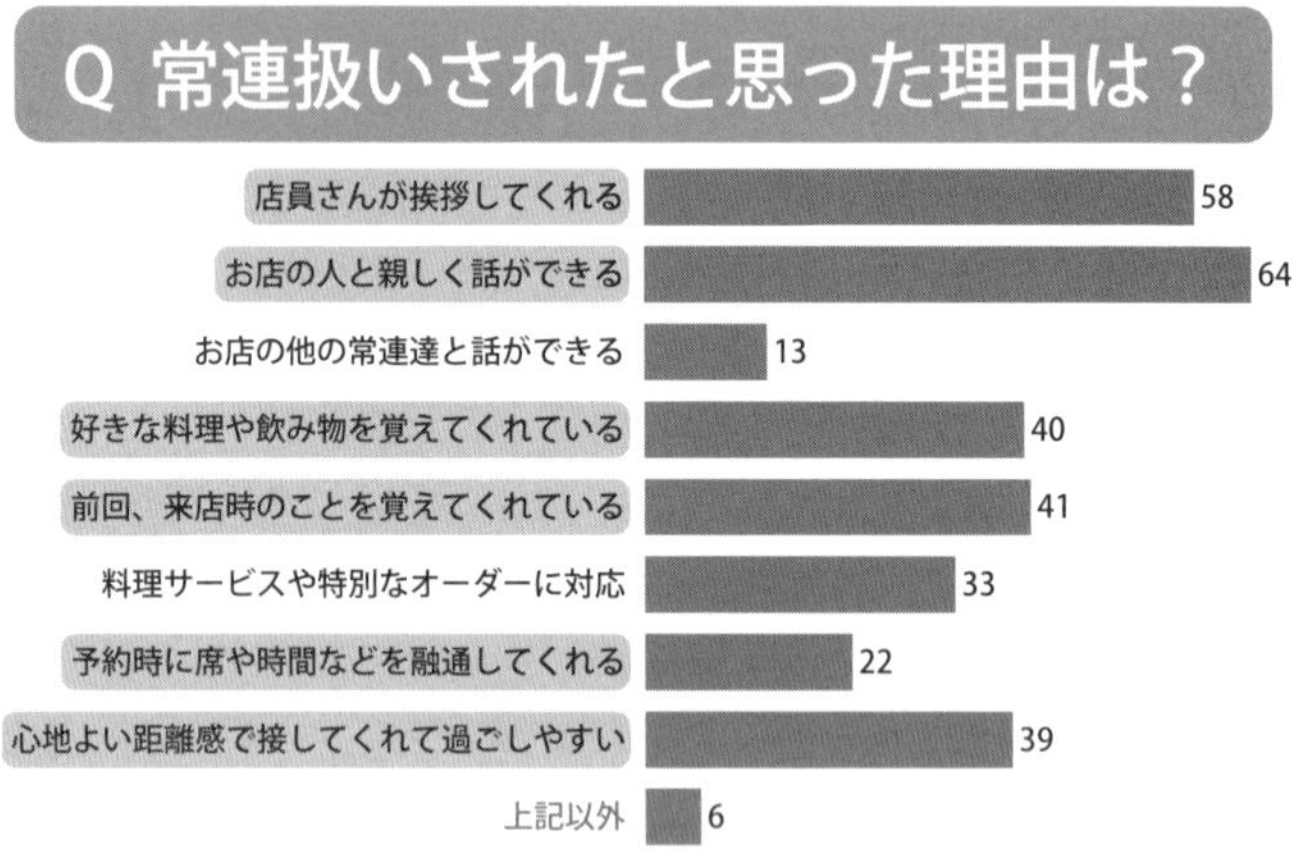

お客様は「居場所」を求めている

ただひとつだけ間違いなく言えるのは、まず経営者が、「お客様との豊かな関係を築き上げるために投資をする」という姿勢を見せることが重要だということです。なぜならその姿勢は、確実にお客様にも、そして現場のスタッフにも伝わるからです。

このことを見落としているお店がいかに多いことか。もちろん料理も大切です。しかし長い目で見れば、お客様との関係づくりが売り上げを大きく左右することになるのです。

飲食店の「場」としての価値＝サードプレイス化

飲食店にとって「常連づくり」がいかに大切か、おわかりいただけたのではないでしょうか？

ただ、「常連づくり」が大切なのは、お店側だけではありません。お客様にもまた、常連になることの喜びを知ってほしいのです。

おそらく45歳以上の人は、常連になることの喜びを、原体験として持っていると思います。しかしそれ以下の人、とくに若い20代の人は、この喜びを知らない方のほうが多いのではないかと思います。

先ほどの、お客様に「常連扱いされたと思った理由」を聞いたアンケートで挙げられている回答こそが、「常連になることの喜び」の正体です。

近年、家でも会社でもない、サードプレイス（第三の場所）を持つことの価値が語られる機会が増えています。**行きつけのお店はまさに、サードプレイスになりうる場所です。家庭や職場での役割から解放され、1人の人間としてくつろぐことができる。**そんな場所がひとつでもあることで、人生は豊かになるはずです。

この「常連になる喜び」を取り戻すこともまた、私が目指していることのひとつです。それは飲食店が成功するため、「場」としての価値を最大化することでもあります。

飲食業界は、中小個人店が圧倒的多数を占める、特殊なマーケットです。あのマクドナルドでさえ、日本の飲食業におけるシェアはわずか2、3％にすぎません。いかに個人店があふれているかがよくわかるでしょう。

私個人のミッションである「豊かな食文化への貢献」を実現するには、大手チェーン店だけでなく、圧倒的多数を占める個人店が元気であることが不可欠です。個性豊かな個人店がたくさん繁栄し、豊かな生態系を形成している世界。そのためにも、個人店がテクノロジーを自由にジャブジャブ使えて、大企業と変わらない競争力を得られるような環境をつくりたい。

そう思って、私は「トレタ」という会社を立ち上げました。

その根底には、**外食業界に初めて飛び込んだときに感じた、合理的でないことに対する怒りがあります。**その怒りが、いまも原動力になっていることは間違いありません。

トレタは、オンライン予約台帳サービスを開発、提供する仕事をしています。

トレタの予約台帳はどの画面を開いても、お客様のお名前の横に来店回数がついて回ります。「2回目、3回目のお客様が大事」ということを先ほどお話ししましたが、それだけ重要な指標だからです。

この数字のおかげで、どの方が大事なお客様なのかが一目瞭然で把握できます。**「今日はこのお客様が熱いな。ここが勝負どころだぞ」と、スタッフ全員が日常的に意識するだけで、お店の空気はガラッと変わります。**

先ほどもお伝えしたように、顧客台帳にはお客様一人ひとりの情報を蓄積していきます。電話番号はもちろん、アレルギーの有無、好き嫌い、タバコは吸うか、仕事や交友関係など、人間の暗記力ではとても対応できない細かな情報まで、一元管理できます。

そもそも飲食店で働く人たちは、ホスピタリティマインドを持っているはず。人を喜ばせること、感動させることが、もともと好きな人たちなのです。自分で工夫して考える、クリエイティビティも兼ね備えているでしょう。

そんな人たちが、お客様の正確な情報を手にすれば、「もっとこうやって工夫してみよう、ああいうことも試してみよう」と、自然と素晴らしい発想が生み出されるはずです。

それは私が、飲食店を経営して実感したことでもあり、飲食店で働く人たちを尊敬し、信じているところでもあります。

これまでの飲食店経営者の多くは、自分の「勘」と「経験」だけを頼りにやってきました。裏を返せば、日々、何の支援もない中で、孤独で難しい意思決定を強いられているとも言えます。自分の判断が正しいかを裏づけてくれる情報がないからです。

情報がない中で、勘や経験のみで判断しなくてはならない。お店の未来を左右するような重要な判断であっても、「たぶんこっちだろう」くらいのことしか言えないわけです。

そう考えると、これまでの飲食店経営者は、きわめてリスキーな意思決定をしていると言えます。毎日が綱渡りであり、博打であるといった感じでしょうか。それが当たり前になってしまっているのだとしたら、私はここで改めて「当たり前じゃないよ」と声を大にして言いたいと思います。

飲食店経営者が追っている数字は、売り上げ、客数、客単価、仕入れ原価、人件費、その他諸経費、これくらいです。というより、アナログで経営をしている以上、他の数字を見ることは不可能です。

たったこれだけの判断材料で、お店の長所や、ウィークポイントが、どこまでわかるでしょうか。「たぶん接客が原因だと思う」とか「まだ料理がちょっと弱いからかも」とか、結局、勘に頼らざるをえません。

そのときに問題なのは、**飲食店経営者にとって、思いついた手をぜんぶ実行してみなければ、その判断が正しいのか検証のしようがないことです**。データがないため、どこに問題があるかが明確でない以上、とにかくやってみないと何もわからないのです。

そのため、オープンから数年経った頃には、やることが膨大になってしまっている。向上心がある人ほど、この罠にはまりがちです。

病院に行って、医者に勘や経験だけで薬を出されたら困りますよね。検査をして、数値を測って、必要だったら精密検査をして、そのデータに基づいて薬を出すのが普通です。

飲食店には、そのデータを測るすべがありません。まるで検査なしで、よくわからない薬草を飲まされているような、そんな事態に陥っています。

サイエンスに基づいた効率的な創意工夫を

「経営には『アート』と『サイエンス』と『クラフト』の三つが必要だ」

コンサルタント・作家の山口周さんは、著書『世界のエリートはなぜ「美意識」を鍛えるのか?』(光文社)で、このような主張をしています。この三つがバランスよくそろっていないと、強い経営はできないし、強い会社にならないと言うのです。

そして、日本の大企業は、「サイエンス」(科学)と「クラフト」(技術)は強いけれど、「アート」（創造性）が弱い、それが問題だと指摘しています。

このフレームワークで言うと、外食業界は、日本の産業の中でも珍しい構造になっています。**「アート」と「クラフト」は強いけれども、「サイエンス」が弱いというのが、外食の現状だからです。**

料理も、空間も、接客も、日本の飲食店は繊細だし、クリエイティビティに富んでいます。この水準は、おそらく世界でも突出して高い。ところが「サイエンス」がないので、すべてがヤマ勘で、生産性が低い状態に陥っています。

私がＩＴ化しようと言っているのは、三つのうち、この「サイエンス」を強くしようということです。逆に言うと、**「サイエンス」が強くなれば、日本の飲食店は、完全無欠の産業になる可能性を秘めているのです。**

メーカーをはじめとした多くの企業は、他社との競争を勝ち抜くため、「サイエンス」と「クラフト」へ重点的に投資してきました。その結果、この二つが強くなりました。しかし、どの会社も「サイエンス」と「クラフト」を強化したため、他との差別化が難しくなっているのです。

そこで何が求められるかというと、「アート」です。アートこそが、唯一無二の、決して模倣できない価値をつくり出します。

たとえば、アップルの製品は、IT製品として競合と比較してみれば、決して「サイエンス」と「クラフト」が強いわけではありません。使われている技術も必ずしも最先端のすごいテクノロジーばかりが用いられているわけではありません。

しかし、多くの人の心をとらえ、尊敬すらされているのは、「アート」が強いからです。独自の世界観があって、ブランディングがあって、ある種の美意識に裏づけられている。

「アート」を強くすることとは、いちばんの差別化になるのです。

日本の飲食店は、「アート」がもともと強い。ですから、それを支える土台さえつくることができれば、いろんな個性的なお店が繁栄する、素晴らしい業界になるはずです。世界に持っていっても通用するはずなのに、なぜかみんな経営が苦しいのは、「アート」を活かすための「サイエンス」がないからです。「センスのあるお店があるね」で終わっている。そのことが悔しくてなりません。

私もかつては、人々の暮らしを一変させるような個性的なお店をつくりたいと思っていました。そのお店を通じて、日本の食文化をもっと豊かにしたい。それをライフワークにしようと考えていました。

もちろんいまでも「日本の食文化を豊かにしたい」という目標は変わっていません。しかし、いまは自分が取り組むべきは自らのお店を経営することではないと考えています。お店づくりはもっとセンスのあるプロの人たちに任せて、そういう人たちを応援するしくみをつくる。つまり、より多くのお店に「サイエンス」を活用できる機会を増やす活動のほうが、より自分が大きく貢献できることに気づいたからです。方法論を変えたのです。

いま私たちは、海外展開にも挑戦しています。すでに香港、韓国、シンガポール、台湾、ホーチミン、ハノイ（ともにベトナム）、バンコク（タイ）、クアラルンプール（マレーシア）、シドニー（オーストラリア）、ロンドン（イギリス）、カイロ（エジプト）など、世界の10以上の国と地域で、実際に「トレタ」が使われています。

飲食店の抱えている問題は、世界中どこも同じです。いつかは、世界中の飲食店の力になれればという夢を実現したい。そのためにもまずは、アジア全域で、私たちのサービスが使えるようになることを目指し、その後は、北米、ヨーロッパへの進出も視野に入れています。

これからの外食業界には、テクノロジーが必要不可欠であると、くり返しお話ししてきました。しかし忘れてはいけないのは、**テクノロジーはあくまで「手段」にすぎない**ということです。

最終章では、私たちがつい忘れてしまいがちな「テクノロジーよりはるかに大切なもの」について、お伝えしたいと思います。

第5章

テクノロジーより はるかに大切なこと

テクノロジーに振り回されてはいけない

「テクノロジーが外食産業を生まれ変わらせる」

これまでずっと述べてきたように、私はそう確信しています。しかし、忘れてはいけないのは、テクノロジーよりもはるかに大切なことがあるということです。

先日、新しいお店を出す経営者から相談を受けました。

「いろいろ挑戦してみたいんです。注文はオーダーキオスク（セルフ注文決済端末）で受ける。モバイルオーダーを使ってテイクアウトもやりたい。あとはウーバーイーツでデリバリーも……」

ひととおりお話をうかがって、私は彼にこう言いました。

「そもそもこのお店で、何をやりたいんですか？」

考えがテクノロジーのことに引っ張られすぎていて、大切なことが抜けてしまっているように感じたのです。

すると、彼はハッとした顔をし、このお店を出そうと思った原点について語ってくれました。

その経営者が培ってきたホスピタリティには、独自の世界観がありました。だったら、彼がその世界観を最大限に表現して、自分にしかできないお店づくりをテクノロジーで実現するべきだと感じたのです。

であれば、やるべきことはデリバリーではありません。デリバリーは商品が届くだけなので、お客様との接点は「料理のみ」になってしまう。

しかし、テイクアウトだったら、お店に料理を取りに来たお客様との直接の接点があります。その瞬間をどのように演出するかで、世界観は表現できます。パッケージや渡し方などから、このお店がどれだけ商品に情熱を注いでいるかが伝わるのです。

本当に大切なのは、こういうことなのだなあと、私自身が実感した瞬間でした。テクノロジーを導入することはあくまで手段にすぎません。

どんなお店をつくりたいのか。お客様にどんな価値を提供したいのか。それを実現するために、どんなテクノロジーを、どのように活用すればよいのか。**原点に立ち戻って、グランドデザインを考えなくてはいけません。**そうして初めて、次世代において勝てる飲食店ができるのです。

もう一度、皆さんにも問います。

「そもそもこのお店で、何をやりたいんですか?」

お店のポリシーファースト

こうしたことをきちんと考えているお店は、お客様からも支持され、規模も大きくなっていきます。

たとえば、誰もがよく知る大手牛丼チェーンの吉野家には、そのスタンスをよく表現した有名なエピソードがあります。

吉野家には大きな特徴があります。それは、食券の券売機がないことです。お客様は口頭で店員さんに注文し、食べ終わったらまた店員さんに声をかけてお金を支払う。

一方で、同じ牛丼で吉野家と競合する他社は、当時の最新テクノロジーであった券売機をいち早く取り入れました。お客様はお店に入ったら、まず食券を購入し、食べ終えたらそのまま店を出られる。

比べてみると、競合のほうが効率的なのは明らかです。オペレーションの負荷がもっとも大きい注文と会計を機械化して省力化しているからです。

しかし、吉野家はあえて食券制を取り入れない。なぜでしょうか？

それは、お客様がお店を出るとき、面と向かって「ありがとうございました」と声をかける機会をつくるためです。食券制だと、食べ終わったらすぐに帰られてしまうので、丁寧に「ありがとうございました」と伝えることができません。

だからあえて、注文と会計を機械化・合理化しない選択をしているのです。

同じ牛丼チェーンで、**同じようなオペレーションでも、そこにお店ならではのポリシーが入ることで、システムの入れ方や、運用の仕方がまるで変わってきます。**

次から次に、テクノロジーを入れればいいというわけではない。そのことが、吉野家の例からもわかっていただけるのではないでしょうか。

誤解のないよう言いますが、競合のやり方が悪いというわけではありません。他社は注文と会計を合理化することで、商品のバリエーションを拡大したり、コストパフォーマンスをより高めるなどの戦い方をしている。それがその会社のポリシーなのです。

明確なポリシーとそれを実現する手法がきちんと合致しているなら、「みんな違ってみんないい」のが飲食店の世界です。

また、とんこつラーメンチェーンの一蘭も、独自のポリシーが感じられるお店づくりをしています。

ご存じの方も多いと思いますが、一蘭は席をひとつずつ仕切りで区切ることで、半個室のようにしています。一蘭はこれを「味集中システム」と呼び、特許を取得しています。

そこには、他のお客様のことを気にすることなく、ラーメンの味に集中してほしいというポリシーが込められています。どうすればお客様がハッピーになるかを、徹底的に考えた末に生まれた、画期的なシステムだと思います。

その代わり、接客は徹底的に省いています。食券制を取り入れているのはもちろん、オーダーも紙に記入して渡す方式です。席への案内もありませんし、お水もセルフサービスです。そもそも、店員さんと顔を合わせることすらありません。

先ほどの「商品」「場」「人」のフレームワークで言えば、「人」の要素を減らし、味に集中できる「場」を設計することで、「商品と空間」を徹底的にとがらせているのです。


新規店を出すとき、普通のお店が考えるのは、メニューや価格帯といったことでしょう。しかし繁盛店は、そんな表面的なことで終わらず、何をすればお客様がハッピーになるんだろう、自分たちはお客様にどんな体験を提供したいのか、といったことを考え抜きます。

そのうえで、どんなメニューにするか、値段はいくらにするか、どのITツールを入れるか、どういう人材を採用するか、といったことを考えるのです。

くり返すようですが、その順番を間違えないようにしてください。

最終的に残る「人間の仕事」は何か？

ＡＩをはじめテクノロジーの進化によって、人間の仕事がなくなっていくと言われています。では、最後に残る、人間にしかできない仕事とは何でしょうか？

米国の社会学者で、著書『管理される心――感情が商品になるとき』（世界思想社）で知られるアーリー・ホックシールドは、最後に残るのは「感情労働」だと言っています。

感情労働とは、肉体労働、頭脳労働に続く第三の労働形態で、「顧客などの満足を得るために自身の感情をコントロールし、つねに模範的で適切な言葉、表情、態度で対応することを求められる労働のこと」と定義されています。

そして接客業は、教師、保育士、介護士、看護師などと並ぶ、感情労働の代表格です。**飲食店で働く皆さんの仕事は、ＡＩに代替されない、きわめて貴重な仕事だと言えます。**ぜひ、そのことに誇りを持っていただきたいと思います。

問題は、これまで述べてきたように、飲食店の仕事がテクノロジーと無縁だったことです。そのため、肉体労働も、頭脳労働もやらなくてはいけませんでした。むしろ、膨大に存在する肉体労働と頭脳労働をやりきらないことには、感情労働に辿り着けない状態でした。

肉体労働とは、たとえば掃除をしたり、料理を運んだり、お皿を洗ったりすることと。頭脳労働とは、メニューを覚えたり、お客様の顔を覚えたり、売り上げの計算をしたりすること。これらすべてをこなさないといけませんでした。

暗記力、事務処理能力、正確性、そして体力……あらゆる能力が求められ、それをフル稼働しないとお店が回らないという状況でした。

しかし、テクノロジーが進化することで、こうした仕事はやらなくて済むようになります。その代わり、人間に最後に残された仕事である感情労働に、リソースを割けます。

そうなれば、働く人に求められるスキルも変わってきます。どの業界にも言えることだと思うのですが、暗記力しかない人、定形的な事務処理能力しかない人はA

Iに仕事を奪われてしまうでしょう。

体力しかない人や、言われたことをただ忠実にこなすことしかできない人や、自分の頭で考えて工夫できない人も、仕事を奪われてしまいます。

感情労働の時代には、相手がいま求めていることを察し、適切に対応することのできる人が求められます。ひと言で言えば、ホスピタリティの精神とクリエイティビティを持った人です。

たとえば、ちょっとしたお客様の表情を読み取って、「この人はいま、あまり楽しくなさそうだな」と察したら、何らかのアクションをし、お客様を盛り上げてみせる。こんなことはＡＩには不可能です。

今後、さらにテクノロジーが発展すれば、表情から人の心を読み取ることのできるカメラが登場することはあるかもしれません。「1番テーブルの男性のお客様の満足度が、いま30％を切りました」といったように、ＡＩが教えてくれる。そんな時代が来るかもしれません。しかしそれでも、ＡＩはそのお客様の気持ちをケアすることまではできないでしょう。あくまでもそれは、人間にしかできない領域なのです。

これからの飲食店は、学歴や職歴、資格などにとらわれず、ホスピタリティの精神と豊かなクリエイティビティを持った人、またはそのポテンシャルを秘めている人が活躍できる場になっていきます。それが未来の繁盛店をつくります。

そうなれば、**これまでの採用基準が異なってきます。面接のやり方も、入社後の教育プログラムも変える必要があるでしょう。**

これからの経営者は、そこまで見据えておかなければならないのです。

また、感情労働には、ひとつ大きな課題があります。それは、**お客様の満足度を高めようとすればするほど、従業員に精神的なストレスが時に重くのしかかる**ということです。飲食店の難しさは、「お客様を選べない」ことです。時には、好むと好まざるとにかかわらず、理不尽な振る舞いをするモンスターカスタマーを接客しなければならないケースもあります。

嫌なお客様にも笑顔で対応しないといけない、きついクレームにも頭を下げないといけない。自分の感情のコントロールを強いられることが、感情労働に従事する人を苦しめます。しかも、まじめな人、向上心のある人ほど、バーンアウト（燃え尽き）に陥りやすい傾向があります。

これからの経営者は、従業員のストレス度を定期的に測定したり、カウンセラーの診断を受けられるようにしたりと、従業員の働く環境の改善にもより一層取り組まなくてはならないでしょう。あるいは、「私たちはお客様を選びます」と宣言することも経営者の大切な仕事になるのかもしれません。

ハイクラスのおもてなしを実現

飲食店の仕事が感情労働に変化するということは、すなわち飲食店の仕事がよりクリエイティブになるということです。これまでの接客がマニュアル重視の「サービス」だとしたら、これからの接客は自分の頭で考える「おもてなし」の要素が増えていくのではないでしょうか。

おもてなしは、サービスよりもはるかに高度です。一人ひとり違うお客様を相手に、もっとも適切な対応を瞬時に判断し、実行しなければなりません。即興的かつ、柔軟な対応が求められるのです。

私は飲食店を経営していたとき、「おもてなし」に特化した研修を企画したことがあります。「おもてなし」こそが、これからの繁盛店において重要になると確信していたからです。

立ち居振る舞いから、華道、茶道まで多彩なカリキュラムをそろえ、接客業の基本動作や、おもてなしの心を養ってもらえる場をつくりました。この研修は社員だけではなく、アルバイトでも受講できるようにしました。

研修で大切にしていたのは、スタッフに「接客することの喜び」を感じてもらうことです。

お客様を感動させることができたとき、お客様が嬉しいのはもちろんですが、接客をしたスタッフもまた快感を得ています。この快感は、体験した人にしかわからないものです。

人間は群れで生活しないと生きていけない動物です。だから、人を喜ばせることが快感になるように、遺伝子に組み込まれているのかもしれません。どんなに大変でも、どんなに報われなくても、この喜びを知ってしまうと、もう他の仕事はできなくなります。

やがて、「次はこうしてみよう」「こうしたらもっと喜んでもらえるのでは」と、接客を楽しみながら、自発的に考えるようになります。こうなればしめたものです。どんどん自分で考えるようになりますし、プロとして急成長していきます。

単に料理や飲み物をお客様に運ぶ、「肉体労働」の時代はもうおしまいです。自分の頭で考えること、人を喜ばせること、それがこれからの「感情労働」の時代の接客において大切なのではないでしょうか。

じつはこうした「おもてなし」を、ハイクラスのレストランはずっと昔から行なってきました。高価格かつ、一日に来店するお客様の数も限られているため、1人当たりのお客様に手間をかけることができるからです。

ただお店の価格帯が下がると、薄利多売になっていくため、お客様の数は膨大になっていきます。結果としてお客様1人当たりにかける時間がどんどん短くなってしまい、お客様に対して十分なおもてなしができなくなってしまう。

オーダーを受けて、ただ料理を持っていくだけ。お客様と会話もできないし、ましてやお客様の情報を丁寧に記録しておくなど、期待すらできません。

しかしITの普及によってそんな低価格のカジュアル店でも、これまでハイクラスのレストランが行なっていたような「おもてなし」を実現できるようになっていくはずです。その環境は急速に整いつつあります。

これまで苦労してきた低価格のカジュアル店、零細の個人店にこそ、チャンスが巡ってきているのです。

テクノロジーがもたらす高度化

ここまで読まれてきて、すでにおわかりかと思いますが、テクノロジーがもたらす本当のインパクトは、「合理化」ではありません。その先にある「高度化」です。

あくまで合理化は、テクノロジーを導入すると最初に起きること。単なる通過点にすぎません。合理化することで生まれた時間と、精神的、肉体的な余裕を感情労働に振り分けること。そして、テクノロジーの力を利用して人力の限界を超えることで、より高度な「おもてなし」が実現する。これが本来、私たちが目指すべき「高度化」です。

よくある間違いが、「合理化」が目的だと思ってしまうことです。手段と目的が入れ替わっている。すると、**ＩＴ化したのに売り上げが下がる、という現象が起きることもあります。**

例を挙げましょう。お客様からオーダーをとるという仕事には、二つの側面があります。

ひとつは、「伝達」です。お客様の注文を正確にキッチンへ伝えること。この仕事はＩＴツールに任せればよいでしょう。

しかし、もうひとつは人間にしかできない仕事です。お客様の注文をお手伝いするという「意思決定の支援」です。どれを注文するか迷っているお客様に、おすすめの商品をプレゼンテーションする。あるいは、そのお客様にとって最適なメニューを一緒に選んであげる。

最近、多くの居酒屋さんがセルフオーダーシステムの導入に踏み切っていますが、それで失敗しているお店をあらゆるところで目にします。なぜかというと、**セルフオーダーの導入によって、注文の「伝達」と一緒に「意思決定の支援」が失われてしまうために、お客様は注文をしづらくなり、追加オーダーも入らず、結果、客単価が下がるという現象が起こるのです。**

人件費削減や、効率化のためだけにテクノロジーを導入すると、逆効果になりかねません。「合理化」ではなく、「高度化」が最終的な目的であることを、間違えないようにしてください。

外食業界だけではありません。この「高度化」という考え方は、さまざまな業種に活用できます。とくにＩＴ化が遅れている業界は、この発想を取り入れることで、「自分たちが本来やるべきこと、やりたかったこと」に気づくことができるかもしれません。

飲食店のＩＴ化を成功させる８つのポイント

これまで、私たちトレタは数多くの飲食店のＩＴ化のお手伝いをしてきました。その中で、「ＩＴ化に成功するお店」と「失敗するお店」には、一定のパターンがあることに気づきました。ここでは、ＩＴ化を成功させるためのポイントを８つに整理してご紹介していきたいと思います。

①目的を明確にし、ツールに振り回されない

いろいろなツールが登場してきているので、目移りしたり、欲が出たりするのも理解できます。しかし、ＩＴはあくまでも手段であって、目的ではないのです。

あえて極端な言い方をすると、ＩＴツールは電話と本質的には変わりません。電話を入れたからといって、どんなお店でも繁盛するわけではありませんよね。電話でどんな顧客対応をするのか、電話を業務の中でどう使いこなすかが大切なはずです。

「実現したいお店づくりのために、どうITを使うか?」という視点を忘れないでください。

②自社開発でなく「SaaS」を使う

ITツールには、おもに三つの形態があります。

従来のパソコンやレジのように、購入して使用する「インストール型」ないし「設置型」。自社で情報システムを開発したり、自社専用のツールを外部に委託して開発したりする「自社開発型」。そして、クラウドベースかつ月額課金で利用する「SaaS型」です。

この三つのうち、これからITを導入するなら、絶対にSaaS型を選ぶべきです。SaaSこそが、これからの外食産業を根本から変えうる、唯一にして最大の方法論だと私は確信しています。もちろん、トレタもSaaS型です。

SaaSはクラウドベースであるため、基本的にはすべての法人、すべての店舗が同じソフトウェアを利用します。これは、店舗や法人の壁を越えて、業界全体でツールの「標準化」が行われることを意味します。

この業界における標準化には、とてつもないインパクトがあります。なぜなら、ツールの標準化は、オペレーションや業務の標準化とイコールだからです。

つまり、外食の歴史上初めて、業務ノウハウやオペレーションの知見が業界全体で広く共有され、業界の進化がうながされていくことが実現するのです。

これまでの外食産業では、ごく一部の大手企業が大規模な投資をして自社専用ツールを開発し、運用していました。成功することも、失敗もあったでしょう。しかし、その経験や知見は、決してその企業から外に出ていくことはありませんでした。また、システムが独自なものである以上、新たなツールやオペレーションの進化も限定的でした。ITツールの活用は、法人や店舗の中に閉じられていて、あちこちで同じような失敗がくり返されていたのです。

しかし、単一のクラウドサービスに多くの店舗や法人が集まり、全員が同じツールを使い始めることで、この状況は一変します。クラウドサービスを使うすべての店舗が、あたかもひとつのチェーン店のようにＩＴを使いこなすノウハウを共有し、高めていくことができるようになるのです。

また、月額課金である点にも大きなメリットがあります。まず、従来のような「自社開発型」と違って大規模な初期投資は不要になります。

これまでは、自社で開発したシステムは「資産」となり、減価償却が必要でした。これは、飲食店の経営にとってもっとも重要な「資金効率」を落とすだけでなく、一度導入したシステムをそう簡単には入れ替えることができないというデメリットも生んでいました。

しかし、月額課金のＳａａＳは違います。ソフトウェアは「所有」せず利用料を払うだけなので、サービスによっては初期費用ゼロからスタートできます。毎月のランニングコストも「減価償却」でなく、あくまでも「費用」となります。

さらに、他社のサービスに乗り換えたいと思ったら、いつでも（サービスによっては年間契約の場合があるので、その場合は契約更新時になりますが）解約可能です。

つまり、ＳａａＳの月額課金という提供形態により、飲食店のＩＴ化のリスクは大幅に下がります。事実上、「リスクゼロ」にすることができるのです。

クラウドと月額課金によって、飲食店のＩＴ化の道は大きく開かれました。これからＩＴ化を目指す飲食店は、絶対にＳａａＳ型のサービスを選択すべきです。

③ツールを業務に合わせるのでなく、業務をツールに合わせる

これも飲食店のＩＴ化においてよくありがちな間違いです。

「うちのオペレーションは特殊だから」という理由で、「このツールのこの部分を、こういうふうにカスタマイズしてくれないか」という要望がよく出ます。これはむしろ店舗のＩＴ化のポテンシャルを阻害して、成果を限定的にしてしまう発想だと理解してください。

そもそもＳａａＳのベンダーは、サービスを膨大な数の飲食店に利用してもらうことを通じて、それらの飲食店の運用ノウハウを豊富に蓄積しています。さまざまな店舗のオペレーションを研究し、知見として蓄積し、もっとも効率よく業務が遂

行できるように設計されているのです。

それをあえて自店の現状に合わせて変えることは、こうした知見を利用できなくすることに直結します。さらに言えば、むしろいまの店舗に数多く存在しているであろう、目に見えない「非効率」をそのまま温存することにすらなりかねません。ツールを体に合わせようとするのではなく、体をツールに合わせましょう。いまの業務をツールに合わせて変えていきましょう。

いまの業務オペレーションを変えることには、現場にとっても経営にとっても、一時的に大きなストレスがかかることは事実です。しかし、それを乗り越えた先には、劇的なオペレーションの進化が待っているはずです。

④欲張らない。100%主義に陥らない

当初は及び腰だった飲食店も、いざIT化を決断すると豹変することが少なくありません。

「どうせやるなら、業務を完璧に自動化したい」

「この際全部解決したい」

気持ちはわかりますが、ＩＴ化はすべての問題を消し去ってくれる魔法の杖ではないのです。

ＩＴ化に取り組むなら、まずは60点くらいを目指しましょう。それでも十分に導入の成果が出るはずです。人力オペレーションは、それくらい効率が悪いのです。試行錯誤しながら、少しずつ改善して80点を目指していけばよいのです。１００点は永遠に訪れませんが、それでも粘り強く改善を進めていけば、いつか自分たちでも驚くほど遠くまで辿り着けるはずです。

⑤機能の豊富さは「お得さ」ではないと知る

「同じ値段なら、機能が多いほうがお得」

これも多くの人たちが陥る罠です。ＩＴ企業の中には、このことを理解していながら、あえて「機能比較表」をつくって商談に臨む会社もあります。競合サービスよりも優れている印象を与え、契約を勝ち取りやすくするためです。

その証拠に、よく見かける比較表は、だいたいその会社に有利なように項目が設定されています。自社サービスに、いちばんたくさんの「〇」が付くようにつくられているものなのです。

しかし、本当にITツールを使って目覚ましい成果を挙げている会社は、決して「すべての機能を使いこなす」からその結果を出しているのではありません。

むしろ彼らは、使う機能を注意深く選定し、選んだ機能だけを徹底して使い倒して、成果を得ているケースが少なくありません。

ITツールはさまざまなタイプの飲食店やユースケースを想定して、多種多様な機能を開発し、搭載しています。つまり、機能のすべてを必要とする店舗など、そもそも存在しないのです。

本当の「ITリテラシー」とは、ありとあらゆる機能を使いこなせるようになることではありません。自分たちに必要な機能を選び出し、それに特化して習熟度を高めることができる、そういうスキルのことなのです。

ＩＴツールを選定すると決めたら、

Ａ　自分たちにとって絶対に必要な機能（＝ないと困る機能）は何か

Ｂ　あったらいいかも、と思う機能は何か

Ｃ　自分たちに必要なさそうな機能は何か

という3段階で求めるものを分類し、Ａだけに注目してツールの評価をするべきです。Ａさえ高い水準で満たせていれば、それで十分な成果は出ます。おそらく、Ａを使いこなせば使いこなすほど、ＢもＣも不要であることに気づくでしょう。

⑥導入はゴールでなくスタートである

ＩＴ導入にあたっての比較検討を頑張りすぎて、導入した途端満足してしまう人がいます。それでは、テスト勉強のために友達からノートのコピーをかき集めたら満足してしまう学生と同じです。

ＩＴ導入の成功のカギはツール選定にあるのではなく、そのあとのオペレーション構築にあるのです。ＩＴパワーを使ってどのようにオペレーションを最適化していくのか。しくみづくりから教育まで、幅広い取り組みが必要になります。

そのために欠かせないのは、お店のオペレーション改善への執念であり、それを支えるＩＴ事業者のサポート力です。そういう意味では、ＩＴツール選びでもっとも重要なのは「機能の豊富さ」ではなく、「サポート態勢がどれだけ充実しているか」だと言っても過言ではないでしょう。

単にサポートが24時間態勢だとか、毎月営業マンがお店に来るとか、そういうことを指しているのではありません。飲食店のパートナーとしてつねに、ともに学び、悩み、考え、歩んでいくという誠実な姿勢を持っているか。それは単なる開発力や資金力ではなく、その会社の「文化」や「哲学」を問うことでもあります。

ＩＴ事業者は、飲食店にとって商品を納入するだけの「業者」ではありません。ともに繁盛を築き上げていく「パートナー」にならなければいけないと、私は確信しています。

ぜひ飲食店の皆さんには、「パートナー」を見極める目を持っていただきたい。そして、誠実なサービスや会社が支持される世界をつくっていきたいと思っています。

⑦今日から始める、いまから始める、まずやってみる

「この機能がないなら、機能が搭載されてから使うよ」

「このツールと接続してデータをやりとりできないなら、接続可能になってから契約するよ」

飲食店の方の中には、こうした判断をされるケースも少なくありません。しかし、いまからITによる経営革新を目指すなら、何より大切なのは「少しでも早く始めること」です。

これからの飲食店のIT化において、もっとも重要になるのは「データ」です。データというのは、(質が変わらなければ) 量が多ければ多いほど威力を発揮するという性質があります。ITの世界では、少しでも他社より早く始めてデータ量で差をつけてしまえば、圧倒的な先行者利得を得ることができるのです。

また、一日でも早くスタートできれば、そのぶん運用のノウハウも早く蓄積しま

す。前項でも説明している通り、ＩＴ化成功のカギはオペレーションの磨き込みにあるのですから、そのノウハウは少しでも多く、少しでも早く蓄積したほうが有利に決まっています。

だからこそ、細かい機能の有無にこだわってスタートを遅らせてしまうのではなく、少しでも早く導入することを考えてください。

明日始める人よりも、今日始めた人のほうが圧倒的に有利になるのがＩＴの世界です。遅れをとってしまった時間だけは、あとでどんなことをしても取り戻せないのですから、まずは一歩を踏み出してみましょう。

⑧トップがコミットせよ

ここまで読んでいただければおわかりかと思いますが、つまるところ、もっとも必要不可欠なのは「トップのコミットメント」です。

いまでも飲食店では、現場や店長がＩＴ化の要望を上げても、「よくわからないから」「好きじゃないから」「自分たちの時代はそんなものを使ってこなかったから」という理由でトップが却下することも少なくありません。

しかし、わからないからこそ、自分たちの時代にはなかったからこそ、いま現場を預かる人たちの判断を信じて、彼らにＩＴ化という大きな取り組みを託すべきです。それこそが「コミットメント」なのです。

なにも、いまからＩＴのしくみを理解しろというのではありません。トップに必要なのは、その重要性を理解して、たとえ失敗したとしても覚悟を持って取り組み続ける姿勢を示すことなのです。

想像より未来は早く訪れている

トレタは、２０１５年から毎年開催している、「ＦＯＯＤＩＴ ＴＯＫＹＯ」というカンファレンスの実行委員会として、運営の中心となっています。外食産業の将来をになうリーダーを多数お呼びし、経営やテクノロジーの最新動向を共有し、未来へ向けての建設的な議論を行なう場です。

ここでは「どうすれば儲かるのか」とか「次のトレンドは何か」といった、近視眼的な話はしません。5年後、10年後の外食業界はどうなっているのか、未来を語ることが「FOODIT」の目的です。その意味では他にはない、異質なカンファレンスだと思います。

2019年は「外食×ITの未来」と題して、堀江貴文さん、ワンダーテーブルの秋元巳智雄さん、カフェ・カンパニーの楠本修二郎さん、カゲンの子安大輔さんなど、20名以上のゲストをお招きしています。これまでも、サイボウズの青野慶久さん、マネーフォワードの辻庸介さん、キャンプファイヤーの家入一真さんなど異業種からもたくさん参加して頂きました。

初年度は250人だった参加者が、2年目は700人、3年目は1000人を超えました。2019年の参加者は、さらに増える見込みで、意識の高まりを年々、肌で感じています。

このカンファレンスを重ねて感じるのは、私たちが思っているより、未来は早く訪れているということです。数年前に登壇者から出た、**「まさかそんな突拍子もな**

いことが……」と思われていたアイデアが、実際に利用可能なサービスとしてどんどん現実化しています。

一例を挙げると、ヤフーの取締役、小澤隆生さんが第1回の「FOODIT」の基調講演に登壇し、海外でデリバリーが伸びている事例を紹介しながら、「これからは日本でもデリバリーが来る！」とおっしゃっていました。ところが当時は、ピンときている人はほとんどいませんでした。「いまさら出前？」という感じだったのです。

しかしそれからほんの2、3年で状況は一変しました。いまや、皆さんご存じのように、「ウーバーイーツ」が業界を席巻しています。もはや、デリバリーの可能性を疑う人はいないでしょう。

そんな現実を目の当たりにしていると、私たちが思っているより、未来は早く訪れると思わざるをえません。その意味でも、定点観測で未来を語り続けるということは大事だと感じています。

私たちの前には無限の可能性が広がっている

これまで述べてきたように、いま外食業界ではパラダイム・シフトが起こっています。「ＩＴ化が必須だ」とか「モノからコトへ」とか、さまざまなことが言われていますが、いちばん大きなとらえ方をすると、次のようなことが起こっているのだと思います。

「50年続いてきた飲食店の形が、いよいよ本格的に根本から変わる！」

これまでのオペレーションやお店づくりを不変の前提条件として何かをしようとしても、うまくいかない時代に突入しています。**いままで常識とされていたものを、いったんぜんぶ疑ってみることをしないと、この50年に一度の大きな波に乗ることはできないでしょう。**

私もふくめて外食業界は、業態開発が行き詰まっている現時点において、「やれることはやり尽くした」と思ってしまっているのではないでしょうか。しかし、それは小さいコップの中の話だったのです。

一歩、外に出てみれば、そこには手つかずの、可能性にあふれた世界が広がっていました。私の脳裏には、そんなイメージが浮かびます。

実際、本書で紹介したセルフサービスのクラフトビール店やゴーストレストランのように、「この手があったか！」と思うようなお店が、次々に登場しています。中国でも、アリババのフーマーやラッキンコーヒーなどの事例を筆頭に、これまで誰も見たことのなかったような飲食店が続々と誕生しています。すべてやり尽くしたと思っていたけれど、それは小さいコップの中の話であって、実はまだまだ新しいことが起きる余地があったわけです。

これから私たちがやらなくてはいけないのは「発明」です。発明ということは、誰もが成功するとは限りません。未知の世界ですから当然、リスクもつきまといます。

それでも勇気を出して、コップの外へと出てみる。するとそこに、次の金鉱脈が見つかると確信しています。**50年前のすかいらーく、マクドナルドに代わる存在は、この本を読んでいるあなたのお店なのかもしれません。**

私もまた、「アウェーで勝負する勇気」を持った飲食店に寄り添って、テクノロジーを味方につけながら今後も新しい価値を生み出していきたいと思っています。

この本で書いたことは「未来予測」ではありません。「こうしていくべきでは?」「こうしていこうよ!」という、私なりの提言です。

世界的な経営学者、ピーター・ドラッカーは次のように言っています。

「未来を予測する最良の方法は、未来をつくり出すことだ」(The best way to predict your future is to create it.)

夢を見ているだけでは、理想の未来は訪れません。

理想の未来は、私たち一人ひとりが、この手で「つくり出す」ものなのです。

おわりに

僕たちの外食業界を豊かにする

「自分は何のために生まれてきたのだろう？」

私は小学生の頃、こんな問いにとりつかれたことがあります。

生物学的に言えば、生き物が生まれてくる目的は「種の保存」です。つまり「子孫を残すため」です。たとえば鮭は、卵を産むためにわざわざ川を上ります。そして、卵を産んだら死んでしまいます。見方によっては、鮭は「卵を産むために生まれてきている」と言えるでしょう。

しかし、私たちは人間です。人間も動物の一種とはいえ、ただ「種の保存」のためのみに生きるのは虚しくはないか。

せっかく人間として生まれてきたのだから、生まれてきたことの意味を、この人生で見つけたい。そして、自分にしかできない、大きなことを成し遂げてみたい。

そんなことを考えながら、いままで生きてきました。

そのときの問いに、いまならはっきり答えることができます。私が生まれてきた意味は、「食文化をもっともっと豊かにすること」であると。それは私の喜びであり、ライフワークであり、人生の目的でもあります。

私の仕事に対する情熱の根源には、そんな思いがあります。

皆さんにも、自分なりの「生まれてきた意味」があるはずです。もしかしたら、まだ気づいていないのかもしれません。しかし、必ず誰にでもあると思うのです。

あなたの「生まれてきた意味」は何でしょうか？

最後に少し手を止めて、考えてもらえたらと思います。

食文化を豊かにするために私が選んだ方法論は「外食産業を豊かにすること」です。外食業界で働く人が、イキイキとやりがいを持って働くことができる環境を取り戻すことができれば、食文化はもっともっと豊かになるはずだからです。

だからこそ、いま提供されている予約台帳、顧客台帳の「トレタ」は手段のひとつにすぎません。

外食産業はこれから、ますます変化していくでしょう。それに合わせて、私が手がけるビジネスの形も、どんどんアップデートされていくはずです。「トレタ」の形もまた、時代の変化とともに変わっていくでしょう。

パラダイム・シフトの時代において大切なことは、「走りながら考える」ことです。そうでないと、この変化のスピードにはついていけません。うかうかしていると、あっという間に時代から取り残されてしまいます。


飲食店を経営しているときも、私はつねに「走りながら」考えていました。「面白そう」と感じたら、準備もほどほどに、まず行動してみる。その過程で、臨機応変にいろいろと工夫して考えるのです。

何かプロジェクトを始めるとき、人間が事前に考えついて準備できることなど、たかが知れています。何かをやる前にどれだけものごとを厳密に予測したところで、現実は予測どおりにはならないものです。

ですから、「あれこれ机上の空論を重ねるよりも、やってみたほうが早い」というのが、私の基本的な考え方です。
ここでもう一度、「はじめに」の問いを、皆さんに投げかけたいと思います。
あなたはこの波に飛び込みますか？
それとも、それを傍で見物する人になりますか？
どちらを選びますか？
最後になりますが、お付き合いくださった読者の皆さんに、深く感謝申し上げます。
ありがとうございました。

2019年10月

株式会社トレタ代表取締役　中村　仁

＜著者紹介＞
松下電器産業（現パナソニック）、外資系広告代理店のオグルヴィ・アンド・メイザー・ジャパンを経て、2000年に東京・港区で飲食店を開業。立ち飲みブームのきっかけとなった「西麻布 壌」、「豚組」「豚組しゃぶ庵」などの繁盛店を世に送り出す一方、2010年にはツイッターを活用した集客で「外食アワード」を受賞。2011年に料理写真を共有するアプリ「ミイル」をリリース後、2013年に株式会社トレタを設立。

Staff　デザイン　鈴木大輔（ソウルデザイン）
編集協力　石井晶穂
イラスト・図版　もりたりえ（バンビ団）

Special Thanks　丸山寛子（株式会社トレタ）
塚本佳子

GENTOSHA

外食逆襲論
2019年10月1日　第1刷発行

著　者　中村 仁
発行者　見城 徹

発行所　株式会社 幻冬舎
〒151-0051 東京都渋谷区千駄ヶ谷 4-9-7

電話　03(5411)6211(編集)
03(5411)6222(営業)
振替　00120-8-767643
印刷・製本所　図書印刷株式会社

検印廃止

ISBN978-4-344-03514-0　C0095
幻冬舎ホームページアドレス　https://www.gentosha.co.jp/

この本に関するご意見・ご感想をメールでお寄せいただく場合は、
comment@gentosha.co.jp まで。